CRIPTODIVISAS PARA PRINCIPIANTES

Una guía para desarrollar su futuro financiero invirtiendo en monedas digitales, minería y estrategias de comercio

PEDRO SANCHEZ

Índice

* * *

En primer lugar, me gustaría agradecerle que haya dado el primer paso de confiar en mí y haya decidido comprar/leer este Libro que transforma la vida. Gracias por gastar su tiempo y recursos en este material.

Puedo asegurarte resultados exactos si sigues diligentemente el plan exacto que expongo en el manual de información que estás leyendo. Ha transformado vidas, y creo firmemente que también transformará su propia vida.

Toda la información que he presentado en este artículo de "Hágalo usted mismo" es fácil de digerir y practicar.

Introducción

Hoy en día, no se puede ir a ningún sitio sin oír hablar de "criptodivisas". Ya sea en las noticias, en las redes sociales o en boca de un amigo, lo más probable es que hayas oído la palabra y lo que significa; las criptodivisas son una forma de moneda digital que permite realizar transacciones seguras a través de Internet.

Recientemente, ha aumentado el interés por las criptodivisas entre las personas que quieren invertir dinero en este mercado en crecimiento. Hoy en día se puede utilizar la criptodivisa para comprar productos y servicios, así como para comerciar con ella a través de una bolsa como Coinbase, que es una de las más grandes que existen.

Sin embargo, debido a que las criptodivisas son tan nuevas, mucha gente no sabe cómo comprar o invertir en criptodivisas. Por lo tanto, este libro titulado "Invertir en criptodivisas para principiantes" fue escrito para proporcionar una guía completa sobre cómo comprar, vender e invertir en criptodivisas.

Dentro de este libro usted podrá aprender todo sobre la inversión en criptodivisas. Además, podrá aprender cuáles son las mejores criptodivisas para invertir y cómo utilizarlas para obtener el máximo beneficio. Este libro también le proporcionará una guía detallada sobre cómo empezar con las criptodivisas.

Este libro está dirigido a los aspirantes a inversores que quieren aprender a invertir en criptodivisas o a cualquier persona que quiera aprender más sobre las criptodivisas, así como la forma de utilizarlas. Por lo tanto, si usted está interesado en comenzar a invertir en criptodivisas o simplemente quiere aprender más sobre este intrigante nuevo fenómeno, entonces este libro es para usted.

Este libro también está repleto de información vital sobre el mercado de las criptodivisas, incluyendo cómo comprar y vender criptodivisas, así como cómo utilizarlas para operar. También proporciona una guía esencial sobre cómo invertir en criptodivisas de forma segura y sencilla. Además, este libro proporciona toda la información clave que los nuevos inversores necesitan sobre la inversión en criptodivisas.

¿Estás preparado para invertir en criptodivisas?

¡Empecemos!

1

Introducción al Bitcoin

Bitcoin comenzó como un experimento para construir un sistema financiero más fuerte durante la crisis financiera mundial de 2008. Fue desarrollado por una persona o personas desconocidas que creían que el dinero de Internet era el futuro del mercado global. La verdadera identidad del creador de Blockchain sigue siendo un gran misterio hasta ahora. Utilizando el seudónimo de Satoshi Nakamoto, este dínamo del Bitcoin elaboró el libro blanco que rige el sistema. También desplegó la implementación de referencia original de Bitcoin y desarrolló la primera base de datos de blockchain. Su patrimonio neto actual se estima en unos 34.900 millones de dólares.

No fue un viaje fácil para Bitcoin. Al igual que otros conceptos ajenos, la respuesta inicial del público suele ser de rechazo y escepticismo. Durante sus primeros años de existencia, se le relacionó con operaciones turbias del mercado negro, como el blanqueo de dinero, el modo de pago ransomware y el tráfico de drogas. Ha sido criticado y considerado como una burbuja especulativa. Pero, en medio de todas las controversias, el bitcoin demuestra su valía. Este sistema de dinero electrónico ha sido reconocido como una de las monedas de mayor rendimiento del mundo durante 4 años consecutivos en los últimos cinco años. Cuando el influyente empresario Elon Musk anunció que su gigantesca empresa Tesla adquiría 1.500 millones de dólares en bitcoin, su precio de venta se disparó y alcanzó los 44.200 dólares.

Historia de Bitcoin Bitcoin se introdujo formalmente en la esfera virtual en enero de 2009. El 22 de mayo de 2010, el programador Laszlo Hanyecz lo utilizó por primera vez comercialmente al comprar dos trozos de pizza de Papa John's en Jacksonville, Florida, por 10.000 BTC. Adelantándonos a la actualidad, dicha cantidad tiene un valor de 33,7 millones de dólares. Con ese dinero puede permitirse franquiciar varios locales de su pizzería favorita.

La línea de tiempo de Bitcoin revela las siguientes fechas significativas:

- 18 de agosto de 2008 La fecha en que se registró bitcoin.org. En la actualidad, el dominio utiliza la protección de privacidad "WhoisGuard", que protege la identidad del propietario o propietarios.

- 31 de octubre de 2008 Satoshi Nakamoto anunció a través de la lista de correo de criptografía de metzdowd.com que había estado trabajando en un sistema de dinero electrónico sin terceros, de igual a igual. Este libro blanco, que cambió el juego, se convirtió en la Carta Magna de Bitcoin y ahora se publica en bitcoin.org.

- 3 de enero de 2009 Se minó el primer bloque de Bitcoin de la historia. Fue conocido como el Bloque O o el "bloque génesis".

- 8 de enero de 2009 La primera versión del software de Bitcoin se presentó al público en la lista de correo de criptografía.

- 9 de enero de 2009 La minería de Bitcoin comenzó oficialmente cuando se minó el Bloque 1.

Durante sus primeros años de existencia, Bitcoin pasó por algunos dolores de crecimiento.

- 2010 Un error de codificación produjo un gran número de bitcoins sin minar, lo que provocó una caída temporal de su valor.

- 2013 Ocurrió algo similar, pero con un impacto menor en la red Bitcoin. Sin embargo, condujo a la modificación del código de fuente abierta de bitcoin para evitar la aparición de futuros fallos sistémicos.

¿Qué es Bitcoin?

Bitcoin (denominado "฿") es una forma de criptomoneda que puede utilizarse para comprar bienes y servicios en el mercado virtual. Técnicamente, es una moneda digital y tecnológica que funciona como dinero virtual. El bitcoin se llama la "moneda de internet" y se abrevia como BTC o XBT. Cuando se creó el bitcoin, 1 bitcoin valía 0,008 dólares. En la actualidad, 1 BTC equivale a 56.589,90 dólares.

La red Bitcoin está compuesta por ordenadores (también llamados nodos o mineros) que ejecutan el código de la moneda y almacenan la información en el libro de contabilidad público o Blockchain. En enero de 2021, hay unos 12.000 nodos funcionando en el sistema Bitcoin. Los usuarios pueden acceder a la lista de bloques en ejecución, incluyendo las nuevas transacciones de Bitcoin.

Para ayudarle a entender mejor el Bitcoin, estos son los términos de uso común que debe conocer:

- Blockchain Blockchain es el corazón de la criptomoneda. Es una tecnología innovadora e inteligente que actúa como una base de datos electrónica de información. Cada transacción completa se considera una pieza de información. El sistema la almacena como un bloque. Todos los bloques almacenados se encadenan y se ordenan cronológicamente en el libro mayor. Todos los datos privados son seguros e inmutables, lo que significa que no pueden ser manipulados ni revertidos.

- Monedero Bitcoin Un monedero Bitcoin es un programa de software especial que almacena sus fondos. Es un monedero digital diseñado para facilitar la transferencia de bitcoin. Contiene información relevante, incluyendo su saldo de monedas y el historial de transacciones. Como propietario legítimo, necesitas crear tu propia Clave Privada para acceder y gastar tu dinero.

Hay 4 tipos de monederos digitales que puedes utilizar para asegurar tu activo:

- Hardware Wallet es el monedero de bitcoin más seguro por el momento. Te permite almacenar tu bitcoin en un equipo físico y acceder a él conectándolo a un ordenador a través del puerto USB. Este tipo de monedero es prácticamente inmune a los ataques de virus y a los robos. Sin embargo, no es gratuito y suele costar entre 100 y 200 dólares.

- El monedero de escritorio se instala en su ordenador de sobremesa. Funciona como su dirección para enviar y recibir dinero. Los monederos de escritorio más populares son Bitcoin Core, Armory, Electrum, MultiBit y Hive OS X.

- El monedero móvil funciona como el monedero de escritorio pero es más versátil. Este tipo de monedero bitcoin es compatible con Android o iOS. Se puede utilizar cuando se pagan compras en tiendas físicas a través del escaneo de códigos QR o "touch-to-pay". Ejemplos de monederos móviles son Mycelium Bitcoin Wallet, Hive Android y Bitcoin Wallet.

- El monedero web facilita el acceso a su cuenta de bitcoin en cualquier lugar, en cualquier dispositivo y navegador. Dos proveedores populares de monederos web son Blockchain y Coinbase. Debe tener cuidado al elegir esta opción porque el monedero web almacena su clave privada en línea.

- Claves digitales Las claves de Bitcoin se utilizan para el cifrado y descifrado de información sensible. Vienen en pares, una Clave Privada y una Clave Pública. Son cadenas confidenciales de números y letras que confirman su derecho a realizar transmisiones de bitcoin. Estas claves digitales se guardan dentro del archivo del monedero por motivos de seguridad y privacidad.

La Clave Pública es como un número de cuenta bancaria que sirve como dirección de bitcoin donde otros pueden enviar o recibir fondos. Por otro lado, la Clave Privada es tu contraseña o PIN para utilizar las monedas del monedero digital.

- Firma digital Tu firma verifica que eres el propietario de la cuenta de bitcoin. Esta pieza de criptografía asegura que nadie pueda descifrar tu Clave Privada y otros datos pertinentes. Es la cara pública de la clave privada que le permite desbloquear su bitcoin y realizar una transacción. Al introducir tu firma digital, no es necesario escribir la clave privada real. Es suficiente prueba de que usted conoce esa clave privada que está conectada a la clave pública de bitcoin.

Cómo funciona Bitcoin El protocolo de Bitcoin es criptográficamente seguro. Está soportado y asegurado por un código fuente de algoritmos altamente complejos. El código está encriptado a través del proceso de criptografía y está basado en ingeniería informática avanzada y principios matemáticos. Manipular el suministro de bitcoin y romper el código fuente es imposible porque está encriptado. Esto hace que el bitcoin sea prácticamente seguro contra cualquier creación o duplicación no autorizada de unidades.

El código fuente cuenta con una intensa protección de la privacidad. Todos los intercambios y compras con bitcoin se realizan entre propietarios anónimos registrados. Se transfiere de forma directa, digital y anónima, dejando el control de su dinero a su discreción. No hay nombres, números de cuenta ni otros identificadores. Cada usuario se identifica mediante códigos numéricos o claves públicas. Algunos propietarios utilizan nombres ficticios o nombres de usuario.

Los propietarios de bitcoins tienen acceso directo y control exclusivo sobre el uso del activo digital. Sólo necesitan una conexión a Internet y su clave privada para acceder a las monedas almacenadas en el monedero digital. El sistema también permite a los usuarios ocultar el origen y el flujo de las transacciones mediante programas informáticos especiales llamados servicios de mezcla. Se puede intercambiar en privado una unidad específica de bitcoin por otra unidad de idéntico valor. Esta acción oculta el origen de sus posesiones.

No hay bitcoins físicos circulando en el mercado, sólo saldos en el sistema de libro mayor descentralizado. No se requiere la intervención de un intermediario financiero para gestionar el intercambio de fondos. Esto elimina la molestia de esperar el permiso de un tercero para cada transacción que se realiza.

Al igual que el dinero tradicional, el bitcoin puede utilizarse como producto comercial y como opción de inversión para hacer crecer su patrimonio. Es portátil, irreversible y divisible hasta el octavo decimal. A menudo llamado "oro digital", el bitcoin es seguro y cómodo de usar. Cualquier intento no autorizado es sinónimo de robar oro de la bóveda. Cuando se almacena correctamente, el bitcoin no puede ser robado, pirateado o confiscado por el gobierno.

El valor de Bitcoin El éxito de Bitcoin para establecerse como un activo digital que puede utilizarse para el intercambio de bienes y servicios abrió la puerta de las oportunidades a otras criptodivisas. Los inversores también empiezan a ver la capacidad de bitcoin para asegurar los activos en tiempos de incertidumbre económica porque ofrece mejores rendimientos.

El valor de Bitcoin es similar al del papel y al del dinero digital. Pero su valor proviene de la infraestructura, el código, la adopción y la escasez. Su valor como nuevo medio de intercambio global también está influenciado en gran medida por las personas que creen en los elementos de cambio de juego de bitcoin. Aunque el bitcoin no es tangible, su código único le confiere valiosas propiedades como la escasez, la fungibilidad, la reconocibilidad, la divisibilidad y la programabilidad.

- Escasez El mecanismo integrado de bitcoin limita la oferta a 21 millones solamente. Esto significa que una vez que los mineros alcancen esta cantidad de bitcoins, se detendrá la producción. A día de hoy, hay más de 18 millones de bitcoins en circulación. El número cambia cada 10 minutos a medida que surgen nuevos bloques.

La idea de una disponibilidad finita aumenta la demanda de bitcoin.

En cierto modo, esta característica de escasez del bitcoin respalda su valor intrínseco, comparable al del oro y los metales preciosos. A diferencia de las monedas fiduciarias que sufren una inflación constante y pierden parte de su valor, la inflación de bitcoin es controlada y limitada. La mayoría de los casos se deben a la pérdida de claves privadas o al envío de monedas a una dirección incorrecta e inexistente.

- Fungibilidad y durabilidad Independientemente de quién sea el propietario del bitcoin, el valor sigue siendo el mismo.

Cada bitcoin tiene su valor intrínseco que es igual a otro bitcoin. Se puede reutilizar múltiples veces sin que se produzcan problemas de degradación. Las transacciones pueden no ser reversibles, pero el bitcoin puede ser entregado por el propietario.

- Divisibilidad Cada bitcoin es divisible hasta 100000000 Satoshis. Un Satoshi equivale a 0,00000001 BTC, que es la unidad más pequeña actual de bitcoin. Está incorporado en el código original de bitcoin, pero cuando hay una necesidad, este nivel de división puede ser alterado en 16 o más decimales. Esto significa que el bitcoin tiene un nivel infinito de divisibilidad.

Otras subdivisiones del bitcoin son el microbothoin (μBTC) que equivale a 10 BTC (0,000001 BTC), el milibitcoin, o bitmil (mBTC) que equivale a 10 BTC (0,001 BTC), y el bitcent o centibicin (cBTC).

- Programabilidad Bitcoin cuenta con una dimensión de programabilidad, a diferencia de las monedas regulares en el mercado. Este elemento da una garantía de que esta criptodivisa puede ser ajustada para recibir actualizaciones y tener características convenientes como las transacciones multi-firma y los contratos inteligentes.

- Imposibilidad de falsificación Todas las transacciones de bitcoin se verifican para su protección y se registran públicamente en el libro de contabilidad descentralizado y distribuido. Los ordenadores que alimentan la red bitcoin confirmarán repetidamente las transacciones anteriores, evitando así los problemas de doble gasto. Cada vez que transfieres o recibes dinero, los nodos informáticos trabajan para verificar las últimas transacciones. Este diseño de sistema único y seguro de la red hace que su transacción completada sea irrevocable e infalsificable.

Ventajas y desventajas del uso de Bitcoin Hay muchas razones por las que debería usar bitcoin. Esta innovación tecnológica es un medio para aumentar su patrimonio y construir una cartera más diversificada. Si usted es un nuevo jugador, comprobar los pros y los contras de poseer bitcoin le iluminará sobre su importancia y beneficios. Cuando se utiliza correctamente, tiene a su alcance el mayor constructor de riqueza.

Pros - Accesibilidad Con bitcoin, puedes enviar y recibir dinero en cualquier lugar y en tiempo real. No necesitas una cuenta bancaria para transferir fondos en todo el mundo. Los pagos transfronterizos no están sujetos a los días festivos, la burocracia y otras limitaciones que se producen durante la transferencia. Hasta la fecha, este dinero digital es el sistema financiero más abierto. Las transacciones internacionales son más cómodas y rápidas.

- Mayor liquidez En comparación con otras criptodivisas populares, el bitcoin es más líquido y conserva su valor inherente cuando se convierte a monedas fiduciarias como el euro o el dólar estadounidense. Su valor se aprecia por diseño. Puedes cobrar o vender tu bitcoin y gastarlo como cualquier dinero digital tradicional.
- Portabilidad Bitcoin sigue siendo el activo digital más portátil y transferible jamás creado. Las transferencias se realizan utilizando canales de comunicación como la conectividad a Internet, los satélites y las ondas de radio.
- Control total Como usuario, tiene un control total sobre el dinero que tanto le ha costado ganar. La red bitcoin no tiene ninguna autoridad central que la gestione por ti. Nadie puede censurar, alterar su sistema de red o confiscar su dinero. Puedes realizar transacciones personales y comerciales en cualquier momento y lugar. Los comerciantes no pueden cobrarle tasas adicionales sin previa notificación y aceptación de las condiciones.
- Anonimato y privacidad Siempre que utilices bitcoin como medio de pago, tu información personal se mantiene oculta de personas sin escrúpulos. Puedes abrir tu monedero digital sin miedo a ser víctima de robos de identidad y ataques de hackers. Tiene incorporadas medidas de protección

de la privacidad que te dan la opción de separar tu cuenta de bitcoin de tu persona pública. Para mantener tu anonimato, puedes utilizar una dirección diferente para cada transacción. Otra forma de garantizar la privacidad es utilizar una herramienta automatizada durante la transferencia de fondos.

- Seguridad El monedero de bitcoin está encriptado y tiene una copia de seguridad para garantizar la seguridad de tu dinero. El protocolo bitcoin es criptográficamente seguro y no puede ser manipulado por ninguna organización o individuo. No puede ser controlado por el gobierno ni por ninguna entidad estatal como el banco central. Incluso en caso de represalias por actos políticos e investigaciones criminales, tus unidades de bitcoin no pueden ser congeladas o confiscadas.

- Transparencia Aunque la información personal permanece en el seudónimo, la lista de tus transacciones realizadas es visible para el público. Esto permite a cualquier persona revisar las transacciones que realiza en cualquier momento en la base de datos. Puede acceder al historial de su flujo de bitcoins para ver a dónde va y de dónde viene. Facilita el seguimiento del flujo de transacciones electrónicas entre usuarios.

- Amplia aceptación El creciente número de usuarios y comerciantes que aceptan bitcoins como modo de pago facilita la realización de negocios. Disminuye la exposición a las monedas fiduciarias.

- Comisiones de transacción más bajas Aunque las comisiones son variables, las de bitcoin suelen ser más bajas que las de otros métodos de pago digitales.

Contras - No está regulado La protección del comprador no es todavía una característica de bitcoin. No existe una política estandarizada de reembolsos y devoluciones, lo que hace que los usuarios estén desprotegidos frente al fraude en las transacciones. La estructura descentralizada de bitcoin no admite disputas arbitrarias entre usuarios ni evalúa la legitimidad de las transacciones. El sistema sólo procesa y registra las transacciones. Así, cuando el vendedor no entrega el producto que has pedido, no hay forma de obtener un reembolso. Una vez que el dinero sale de su cartera digital, es imposible recuperar o revertir la transacción.

- Volatilidad Bitcoin es susceptible de sufrir oscilaciones de precio en un corto periodo de tiempo. Los precios pueden subir o bajar repentinamente debido a circunstancias agravantes. Cuando el FBI declaró que está tratando al bitcoin y a otras monedas digitales como "servicios financieros legítimos", su valor alcanzó un máximo. Por el contrario, cuando Mt. Gox se derrumbó, el valor del bitcoin cayó más del 50%. Su volatilidad hace que la moneda no sea adecuada para los inversores conservadores que prefieren la garantía de un horizonte temporal más largo. Además, el número limitado de monedas y la gran demanda influyen en la volatilidad del bitcoin.

- Uso limitado El bitcoin no puede utilizarse para compras fuera de línea, ya que depende en gran medida de la disponibilidad de la conexión a Internet. Es necesario convertir las monedas en dinero normal o en moneda fiduciaria para comprar bienes o pagar servicios. La conversión conlleva comisiones. Aunque el número de proveedores de servicios y comercios que aceptan criptodivisas como forma de pago es cada vez mayor, las opciones son todavía limitadas.

- Susceptibilidad al fraude, las estafas y los ciberataques Bitcoin tiene su parte justa de infracciones, desde esquemas Ponzi de poca monta hasta ataques masivos de hackers que paralizaron a algunos de sus intermediarios. Además, el gran número de usuarios de bitcoin lo convierte en objetivo de delincuentes y participantes en el mercado negro. Los usuarios dudosos utilizan el bitcoin para llevar a cabo sus nefastas actividades, amenazando la reputación de la moneda digital.

- Impacto medioambiental La minería de bitcoins consume una enorme cantidad de electricidad. Las compañías mineras de bitcoin con sede en China aprovechan la energía de las plantas de carbón, lo que resulta en la producción rutinaria de smog causante de enfermedades.

Formas de conseguir Bitcoin Hay varias formas de conseguir bitcoins. Diversificar tus estrategias te ayudará a almacenar más.

1. Minería La minería de Bitcoin es la única forma de crear bitcoins. Es el proceso de generar nuevos bitcoins resolviendo complejos problemas matemáticos o rompecabezas computacionales. La recompensa por bloque es de 12,5 tokens. Es la forma más rentable de conseguir bitcoins, pero la más difícil.

Los mineros necesitan un sofisticado sistema informático para acelerar la operación de minería de bitcoins. Es un proceso necesario para mantener el libro de transacciones y liberar nuevas criptomonedas.

1. Aceptar bitcoin como pago Poner un banner de "Se acepta Bitcoin aquí" en tu sitio web o tienda física para dar a los compradores la opción de utilizar su dinero digital a cambio de bienes o servicios.

1. Comprar bitcoin Tanto si es un inversor como un comerciante, comprar bitcoin es la forma más rápida de hacerse con una cantidad considerable. Si compra en línea, necesita descargar un monedero de bitcoins para recibirlos y almacenarlos. Una vez descargado, configure su cuenta en la bolsa de criptodivisas aprobada por su proveedor de monederos.

Los intercambios de criptodivisas sirven como lugares de mercado donde los vendedores comercian con monedas digitales a cambio de moneda fiduciaria o dinero digital. También hay empresas de comercio y particulares que aceptan pagos de PayPal, pagos con tarjeta de crédito o transferencias bancarias. Asegúrese de comprar en plataformas comerciales legítimas y de confianza para evitar perder dinero. Algunos intercambios recomendados son Bitfinex, Coinmama, Coinbase y Bitstamp.

Si prefiere comprar bitcoin en persona, consulte los sitios web que muestran tiendas minoristas, sucursales bancarias, cajeros automáticos de Bitcoin y personas que cambian Bitcoin por dinero en efectivo.

1. Ganar intereses por prestar bitcoins Utilice sus bitcoins para ganar más monedas. Puedes ofrecer este plan asociándote con un amigo que ya lo esté haciendo o a través de sitios legítimos de préstamos en línea entre pares como Bitbond.

1. Completar una variedad de trabajos extraños en línea para ganar monedas gratis También puedes ganar monedas gratis a través de grifos de bitcoin. Estos sitios ofrecen incentivos a cambio de completar tareas como:

- Jugar a juegos online o en el móvil - Compartir contenidos - Responder a encuestas - Retwittear posts - Leer libros 1. Apostar en casinos bitcoin Otra forma divertida de ganar bitcoin es participar en casinos bitcoin. Apuestas un bitcoin o dinero en efectivo en los juegos tradicionales de casino, loterías y partidos deportivos para tener la oportunidad de ganar una determinada cantidad de monedas.

1. Escribir sobre la criptomoneda Algunos medios de comunicación, blogs y foros ofrecen bitcoin gratis a aquellos que puedan escribir artículos interesantes sobre la criptomoneda. Busque en Internet trabajos de escritura sobre este tema. También hay foros de criptodivisas que recompensan a los miembros establecidos con bitcoin por compartir sus ideas.

Conclusión El innovador concepto de dinero que vive en Internet sigue atrayendo a particulares y empresas que quieren proteger sus activos líquidos contra la hiperinflación y la devaluación. El mercado global tiene ahora una arquitectura de acceso abierto para las finanzas, al igual que los cambios revolucionarios en el sistema de comunicación. Bitcoin ha cambiado el sistema financiero virtual, permitiendo un fácil acceso a través de dispositivos modernos. Las personas que no tienen cuentas bancarias pueden realizar transacciones comerciales y transferir fondos a través de la tecnología de la cadena de bloques.

Las infinitas posibilidades de aprovechar el poder del bitcoin lo convierten en una opción viable para diversificar su cartera financiera y hacer crecer su riqueza. Sin embargo, dado que el ecosistema de Bitcoin está todavía en su fase de crecimiento, aprender sus entresijos es crucial si se es principiante. Por el momento, es necesario tratar el bitcoin como una inversión especulativa y alternativa que cubre su dinero.

2

¿Qué es una criptomoneda?

Una buena manera de pensar en una criptodivisa es como cualquier otro tipo de moneda, como los dólares estadounidenses o los euros. Al igual que estas monedas tradicionales, hay muchas criptodivisas diferentes que tienen su propio valor único basado en la oferta y la demanda. Además, las criptodivisas se transfieren de igual a igual mediante criptografía, lo que las hace seguras y difíciles de falsificar.

Además de utilizarse como forma de pago de productos y servicios a través de Internet, muchas personas también utilizan las criptomonedas como inversión debido a su oferta limitada y a la continua apreciación de su valor. Sin embargo, a diferencia de las monedas tradicionales como el dólar o el euro, las criptomonedas no pueden transferirse físicamente de persona a persona. Esto significa que se necesita un intermediario para intercambiar sus criptodivisas con otras personas que tengan su moneda.

Las criptomonedas existen desde hace casi una década y su popularidad ha crecido de forma constante a lo largo de los años. De hecho, incluso se ha convertido en una forma de pago aceptada por muchos comercios online. Aunque las criptomonedas son todavía relativamente nuevas y no han alcanzado la adopción generalizada, su popularidad está creciendo rápidamente y se espera que siga creciendo en los próximos años.

Dicho esto, exploremos cómo funcionan las criptodivisas y por qué son tan populares.

La definición de criptodivisa Una criptodivisa es una moneda digital que se crea utilizando la tecnología blockchain. El proceso de creación de criptodivisas se conoce como "minería", e implica el uso de un ordenador para resolver complicados problemas matemáticos con el fin de aprobar las transacciones en la cadena de bloques.

Una vez que haya completado con éxito una transacción, la red le recompensará con nuevas monedas que pueden utilizarse para realizar transacciones adicionales o venderse por dinero en efectivo a través de un intercambio. Además de esto, hay muchos tipos diferentes de criptodivisas disponibles hoy en día, cada uno de los cuales tiene sus propias características, ventajas y desventajas.

Breve historia de la criptodivisa La primera criptodivisa fue creada en 2009 por una persona o grupo desconocido conocido como Satoshi Nakamoto. Esta criptodivisa se conoció como Bitcoin, y ayudó a popularizar el concepto de criptodivisas entre el público en general.

En los años transcurridos desde entonces, se han creado muchas otras criptodivisas, siendo las más populares Ethereum, Litecoin y Ripple. Ethereum es actualmente la segunda mayor criptodivisa en términos de capitalización de mercado, mientras que Litecoin y Ripple se encuentran entre las 10 mayores criptodivisas.

Bitcoin, Ethereum y otras criptodivisas se denominan "alt-coins" porque son formas alternativas de moneda digital. Se puede pensar en ellas como una alternativa a las monedas fiduciarias, como el dólar estadounidense y la libra esterlina.

Otro aspecto importante de las criptomonedas es que, a diferencia de las monedas fiduciarias, no están controladas por una autoridad central. Por ello, su valor tiende a fluctuar en comparación con el dólar estadounidense. Por ejemplo, en 2012, cuando se creó el Bitcoin, valía menos de 10 dólares, pero en el momento de escribir este libro valía más de 18.000 dólares por moneda.

Por supuesto, cada criptodivisa tiene sus propias características únicas que la hacen diferente de todas las demás criptodivisas. Esto incluye cosas como la rapidez con la que se realizan las transacciones, el coste de las mismas y la seguridad que ofrece a los inversores. Si quieres invertir en criptodivisas, tendrás que averiguar más sobre cada una de ellas antes de decidir en cuál deberías invertir.

Cómo funcionan las criptodivisas Antes de que decida invertir en criptodivisas, tendrá que entender cómo funcionan. Lo primero que hay que entender es que no hay ninguna autoridad central que controle las criptodivisas. Esto significa que no están reguladas por el gobierno, y la gente puede comerciar con ellas de forma anónima a través de Internet.

Por ello, muchas personas se han visto atraídas por las criptodivisas debido a su anonimato y al hecho de que pueden negociarse libre y fácilmente a través de Internet. Sin embargo, cabe señalar que este anonimato también ha hecho que las criptodivisas sean populares entre las personas que buscan realizar actividades ilícitas como la compra de drogas o armas ilegales en línea.

Otro aspecto interesante de las criptodivisas es su naturaleza descentralizada. Hay varias redes de ordenadores en todo el mundo que se encargan de verificar las transacciones en la cadena de bloques; estas redes de ordenadores se conocen como "mineros" porque verifican las transacciones y crean nuevas monedas utilizando su potencia de cálculo.

Por ejemplo, si usted quisiera comprar diez dólares de Bitcoin, un minero de la red lo verificaría y registraría en un nuevo bloque de la cadena de bloques. Para poder hacer esto, los mineros reciben una tarifa por cada nuevo bloque creado.

Una vez que se ha verificado una transacción, se adjunta a la cadena de bloques, que es un libro de contabilidad público e inalterable de todas las transacciones de criptodivisas que han tenido lugar. La cadena de bloques también se utiliza para verificar las transacciones y evitar que la gente utilice la misma moneda más de una vez.

Después, la transacción se completa y las nuevas monedas pueden usarse como una moneda normal. La cadena de bloques también lleva la cuenta de cuántas monedas existen y en qué monedero están almacenadas.

Las ventajas de las criptodivisas Si está pensando en invertir en criptodivisas, quizá quiera conocer las ventajas que conlleva invertir en ellas. Estas incluyen:

1. Descentralización Las criptomonedas son formas descentralizadas de moneda digital, lo que significa que ninguna autoridad central las controla. Esto significa que no hay riesgo de que tu dinero sea controlado o arrebatado por un gobierno o un banco en el futuro. Además, al estar descentralizadas no tienes que preocuparte de que estén sujetas a los caprichos de una autoridad central.

Cuando decidas invertir en criptodivisas, verás que hay muchas monedas diferentes entre las que elegir. Esto se debe a que hay más de 1000 criptodivisas, por lo que si no te gusta una moneda entonces simplemente puedes comprar otra en su lugar.

2. Si miras el precio de una criptodivisa como el Bitcoin en los últimos 8 años, entonces es fácil ver por qué tanta gente está interesada en invertir en criptodivisas. Por ejemplo, cuando el Bitcoin fue creado por primera vez valía menos de 10 dólares, pero en el momento de escribir este libro valía más de 18.000 dólares por moneda.

Por supuesto, este drástico aumento no ocurre con todas las criptodivisas. Sin embargo, todavía hay muchas oportunidades para que los inversores ganen dinero mediante la compra y el comercio de criptodivisas que tienen una baja capitalización de mercado.

3. Ofrecer trading 24/7 Una cosa que debes tener en cuenta sobre las criptobolsas es que muchas de ellas ofrecen trading 24/7 para que la gente pueda operar con sus monedas en su propio horario. Esto significa que incluso si trabajas a tiempo completo podrás comprar y vender tus monedas cuando quieras.

Otra ventaja de usar criptointercambios es que ofrecen una amplia variedad de criptodivisas, incluyendo muchas que no son ofrecidas por los intercambios de fiat.

4. Transparencia Las criptodivisas también son transparentes. Como los usuarios de criptodivisas pueden enviar y recibir transacciones sin tener que pasar por un banco, todo el historial de transacciones está disponible en línea para que cualquiera pueda verlo. Esto significa que si alguien afirmó que estaba recibiendo dinero de usted, pero nunca lo recibió, entonces puede utilizar el blockchain para comprobar quién lo ha recibido de usted y quién se lo ha enviado.

5. 5. Inmutabilidad La cadena de bloques también es inmutable, lo que significa que una vez que las transacciones se realizan en la cadena de bloques, no pueden ser revertidas o cambiadas de ninguna manera. Por ello, los usuarios de criptodivisas se sienten más seguros invirtiendo en monedas digitales que en moneda fiduciaria, porque saben que su dinero permanecerá seguro en un futuro previsible. Sin embargo, esta inmutabilidad significa que si alguien envía criptodivisas a la dirección equivocada, no hay forma de recuperarlas. Otra ventaja del uso de la criptodivisa es que las tasas de transacción son mucho más bajas en comparación con otras formas de moneda digital. Esto se debe a que las personas que trabajan en la industria de la criptodivisa no tienen interés en cobrar altas comisiones para obtener beneficios. Además, dado que la criptomoneda es una forma descentralizada de moneda digital, no hay intermediarios involucrados cuando se realizan transacciones con ella.

No requieren de un tercero para ayudar a completar las transacciones; esto significa que los usuarios pueden enviar sus monedas directamente a otros usuarios sin necesidad de intermediarios entre ellos. Esto también hace que el proceso sea más seguro en comparación con el uso de un sistema bancario tradicional en el que tus datos tienen que ser enviados a través de un intermediario como un banco o un corredor de bolsa. Por ejemplo, cuando se negocian acciones en el mercado de valores, el corredor necesita su información personal y los datos de su cuenta antes de poder realizar la operación por usted, mientras que los bancos se llevan una parte de cada transacción que usted realiza.

Las desventajas de las criptodivisas Aunque las criptodivisas son una gran forma de ganar dinero, también hay algunas desventajas que debes conocer antes de decidirte a invertir en ellas. Estas incluyen:

1. Inversión de alto riesgo Como ya hemos comentado, las criptodivisas pueden ser muy volátiles, y esto significa que son una inversión de alto riesgo. Por ejemplo, si miras el precio del Bitcoin el 26 de julio de 2017 verás que alcanzó un máximo histórico de 3.018 dólares antes de bajar a un mínimo de 1.857 dólares; lo que supone una pérdida de más del 40%. (Cabe destacar que este tipo de volatilidad es bastante común para las criptodivisas). También es importante tener en cuenta que cuando se invierte en criptodivisas no suele haber ningún seguro o garantía de que se pueda recuperar el dinero si las cosas van mal.

2. Los inversores inexpertos pueden ser estafados fácilmente Si eres nuevo en el mundo de las criptodivisas, entonces puedes estar preocupado por invertir tu dinero en criptodivisas que no son legítimas. Esto se debe a que hay muchos estafadores en línea que quieren engañar a los inversores inexpertos de su dinero.

Por ejemplo, una de las estafas más comunes que se ven en Internet es la de "Pump and Dump", en la que los estafadores intentan hacer más popular una moneda dándole bombo en las redes sociales antes de deshacerse de ella y dejar a los inversores con monedas sin valor. También hay un montón de otros tipos de estafas que usted necesita para estar al tanto de como estafas ICO, estafas de minería y hacks de la cartera.

3. Otra desventaja de invertir en criptodivisas es que la mayoría de los intercambios en línea no tienen ninguna regulación para proteger a sus usuarios de fraudes o errores; lo que significa que si algo sale mal entonces es posible que no puedas recuperar tu dinero. Por ejemplo, en 2016, un famoso intercambio con sede en Estados Unidos llamado GAW Miners fue cerrado debido a problemas legales. Muchos de sus usuarios se quedaron sin dinero como resultado.

4. Puede ser bastante difícil invertir La última desventaja de invertir en criptodivisas es que puede ser bastante difícil empezar. Por ejemplo, si quieres comprar Ethereum en los Estados Unidos, primero tendrás que comprar Bitcoins, y luego cambiar esos Bitcoins por Ethereum utilizando un intercambio en línea como Binance o Coinbase. Esto significa que puede ser un proceso bastante estresante para empezar con las criptodivisas, y algunas personas encuentran esto desalentador.

Los diferentes tipos de criptodivisas Actualmente hay más de mil criptodivisas diferentes disponibles, que pueden dividirse en varias categorías. Aquí están los principales y más populares tipos de criptodivisas:

Bitcoin Esta es la primera criptodivisa que se creó, y sigue siendo la más popular hoy en día. Bitcoin fue lanzada en 2009 por un individuo o grupo de individuos que responden al nombre de Satoshi Nakamoto (la verdadera identidad de esta persona sigue siendo desconocida).

La red requiere que los usuarios utilicen una cadena de bloques para realizar transacciones, y se crean nuevos bitcoins mediante la minería. Estos bitcoins pueden venderse a cambio de dinero en efectivo o utilizarse para realizar compras en un número cada vez mayor de tiendas en línea que ahora aceptan bitcoins como forma de pago.

Ethereum Se trata de un tipo de criptomoneda más reciente que se introdujo en 2015 y que ha crecido rápidamente en popularidad debido a su facilidad de uso y a su gran base de usuarios activos. La red se basa en la cadena de bloques y utiliza éter (un token de criptomoneda) para realizar transacciones.

Este tipo de criptomoneda puede utilizarse para crear aplicaciones descentralizadas, y es popular entre los desarrolladores por la facilidad con la que se puede hacer. Además, la red cuenta con contratos inteligentes incorporados, que permiten crear sus propias reglas para las transacciones y automatizar el proceso de realizarlas.

Monero Monero se creó como una alternativa más segura a bitcoin, con la principal diferencia de que las transacciones son completamente anónimas y no pueden ser rastreadas. La red utiliza un tipo especial de criptografía llamada CryptoNote para conseguirlo, y también está completamente descentralizada.

Dash Esta red es muy similar al bitcoin, pero ha sido diseñada específicamente para las compras en el punto de venta. La criptomoneda fue lanzada en 2014 por Evan Duffield después de notar que el bitcoin tenía algunas limitaciones serias cuando se trataba de ser utilizado como una moneda real. Dash es muy popular entre los comerciantes por su rapidez y eficiencia a la hora de realizar compras en el punto de venta.

IOTA Esta red se creó en 2015, y está diseñada específicamente para el Internet de las Cosas ("IoT", que se refiere al creciente número de dispositivos habilitados para Internet que utilizamos hoy en día). IOTA utiliza una tecnología única llamada Tangle para realizar transacciones, que es muy diferente de la tecnología blockchain que utilizan la mayoría de las otras criptodivisas. Esta red ha sido diseñada específicamente para el IoT, lo que significa que puede utilizarse para realizar compras en puntos de venta de forma segura y rápida.

Litecoin Esta red fue creada por Charlie Lee en 2011, y es muy similar al bitcoin. La principal diferencia entre ambas monedas es que litecoin tiene más monedas disponibles (84 millones frente a los 21 millones de bitcoin), así como tiempos de generación de bloques más rápidos (2,5 minutos frente a 10 minutos). A pesar de estas similitudes, litecoin también tiene algunas características clave que lo diferencian de bitcoin. Por ejemplo, litecoin utiliza un algoritmo de prueba de trabajo diferente llamado Scrypt, tiene un tamaño de bloque cuatro veces mayor y ofrece tiempos de confirmación de transacciones más rápidos.

Ripple Es una red relativamente nueva creada en 2012 por Chris Larsen y Jed McCaleb. La red está diseñada para permitir la transferencia de cualquier moneda (no sólo criptomonedas), y utiliza una tecnología única llamada algoritmo de consenso del Protocolo Ripple para lograrlo. La plataforma ha atraído mucha atención porque también cuenta con rápidas velocidades de transacción, y puede utilizarse para transferir cualquier moneda, incluyendo libras, euros, yenes o incluso dólares estadounidenses. De hecho, también puede utilizarse para transferir cualquiera de las más de cien divisas disponibles en la red. Esto hace que sea muy fácil para los bancos y otras instituciones financieras utilizar Ripple como alternativa a los métodos de pago tradicionales como SWIFT.

Criptodivisa frente a moneda fiat La principal diferencia entre la criptodivisa y la moneda fiat es que ésta última está controlada por un banco central. Por ejemplo, cuando la Reserva Federal de Estados Unidos quiere aumentar o disminuir la cantidad de dinero en circulación, puede hacerlo cambiando los tipos de interés.

Entonces, la gente y las empresas tomarán ese dinero y lo invertirán en otros activos como acciones o bonos. Como resultado de este sistema, el dólar estadounidense ha sido capaz de mantenerse como una de las monedas más estables del mundo desde su creación en 1913.

A diferencia de la moneda fiduciaria, las criptomonedas son formas descentralizadas de moneda digital que no están controladas por ninguna autoridad central, lo que significa que no están respaldadas por nada. También se conoce como moneda "sin fiat" porque no está controlada por una autoridad central como un gobierno o un banco. Sin embargo, a diferencia de la moneda fiduciaria, que está respaldada por algo físico como el oro o la plata que la gente puede tener en sus manos, las criptomonedas no están respaldadas por nada.

Pero las criptomonedas no están exentas de problemas. Por ejemplo, si se envía una criptodivisa a una dirección incorrecta, se pierde para siempre y no hay nada que pueda hacer al respecto. Además, como los usuarios no pueden tener las criptodivisas en sus manos como pueden hacerlo con los lingotes de oro o las monedas de plata, están más expuestos al fraude y al robo.

Criptodivisa vs. Materia prima Mucha gente cree que las criptodivisas son similares a las materias primas porque se extraen y se venden en bolsas. Sin embargo, hay una diferencia clave entre las criptomonedas y las materias primas: las materias primas son producidas por empresas o individuos, mientras que las criptomonedas están completamente descentralizadas.

Esto significa que no hay una autoridad central que gobierne el valor de las materias primas, sino que son las fuerzas del mercado las que determinan su precio. En cambio, las criptomonedas están controladas por las fuerzas del mercado, pero también tienen una oferta fija, lo que significa que su valor puede subir o bajar.

Las materias primas como el oro y la plata se han utilizado como dinero durante miles de años. También son inversiones muy líquidas en comparación con otras materias primas como el azúcar o el arroz. Además, las materias primas son fáciles de almacenar porque se pueden encontrar en muchas formas diferentes, como monedas, barras y lingotes.

Por otro lado, las criptomonedas no están respaldadas por nada físico, por lo que no se consideran dinero ni mercancía. Por esta razón, mucha gente se refiere a las criptodivisas como monedas virtuales en lugar de mercancías. Sin embargo, las criptodivisas tienen algo en común con las materias primas: sus precios tienden a fluctuar más que los de la moneda fiduciaria, lo que las hace más lucrativas para los inversores que quieren obtener beneficios rápidos de sus inversiones.

Quién es el propietario de las criptodivisas Lo que ocurre con las criptodivisas es que son anónimas, lo que significa que nadie sabe quién es el propietario de una determinada cantidad de criptodivisas. Esto hace que las criptodivisas sean una opción viable para las personas que desean realizar transacciones anónimas.

Sin embargo, si desea invertir en criptodivisas, tendrá que crear una cuenta en un mercado de divisas digital y vincular su cuenta bancaria a ella. Una vez hecho esto, podrá empezar a comprar y vender criptodivisas con facilidad.

Hay muchos tipos diferentes de personas que poseen criptodivisas. Por ejemplo, una de las criptodivisas más populares es Ethereum y el mayor grupo de inversores son entusiastas de la tecnología que quieren utilizarla para varios tipos de aplicaciones descentralizadas.

Otro grupo que está invirtiendo en criptodivisas son aquellos que están preocupados por la corrupción del gobierno y el efecto que puede tener en una moneda fiduciaria como el USD. Por ejemplo, muchas personas confían en las criptodivisas porque no hay forma de falsificarlas y no pueden ser congeladas o retenidas por un banco central.

Para los comerciantes, una de las principales ventajas de utilizar una criptodivisa como Bitcoin o Ethereum es que no hay riesgo de devoluciones de cargos; esto significa que no tienen que preocuparse de que los clientes no puedan realizar pagos o revertir sus pagos en transacciones anteriores. Esto hace que las criptodivisas sean más atractivas para que los comerciantes las acepten que el uso de métodos de pago tradicionales como las tarjetas de crédito o PayPal.

Cómo conseguir criptodivisas Hay dos formas principales de conseguir criptodivisas: comprarlas o minarlas. Echemos un vistazo a las dos.

Comprar criptodivisas El primer método que puedes utilizar para conseguir criptodivisas es comprarlas en un exchange. Esta es la opción más popular para la mayoría de la gente que quiere invertir en criptodivisas porque es la forma más fácil de hacerlo. Todo lo que necesitas hacer es crear una cuenta en un intercambio de moneda digital y vincular tu cuenta bancaria con ella. Una vez hecho esto, puedes empezar a comprar criptodivisas con facilidad; sólo tienes que elegir qué monedas quieres comprar y luego proceder a hacer un pago a través de tu cuenta bancaria.

Una de las mejores cosas sobre la compra de criptodivisas de los intercambios es que por lo general cobran tasas muy bajas, especialmente en comparación con los métodos tradicionales de pago, tales como tarjetas de crédito o PayPal. Por ejemplo, usar PayPal puede costar entre el 2% y el 5% por cada transacción, mientras que los pagos con tarjeta de crédito pueden costar entre el 1% y el 3% por transacción. En comparación, las comisiones que cobran las bolsas de criptomonedas oscilan entre el 0,25% y el 1% por transacción, lo que las convierte en una opción muy atractiva para los inversores.

Otro aspecto en el que los intercambios de criptodivisas son mejores que los métodos de pago tradicionales es que no están sujetos a las mismas regulaciones rigurosas que se aplican a otros tipos de métodos de pago. Por ejemplo, muchas compañías de tarjetas de crédito congelarán tu cuenta si realizas demasiadas transacciones en un determinado periodo de tiempo, mientras que otras cancelarán tu cuenta si realizas transacciones en un determinado país. Este tipo de reglas no se aplican a los intercambios de criptodivisas porque quieren atraer a tanta gente como sea posible, lo que significa que no tienen ninguna regla arbitraria cuando se trata de hacer pagos con su intercambio.

Minar criptodivisas Si quieres invertir en criptodivisas pero no tienes dinero, entonces puedes minarlas tú mismo. Esta opción se conoce como minería y consiste en utilizar tu ordenador para resolver complicados problemas matemáticos con el fin de aprobar las transacciones en la cadena de bloques.

La minería es una buena opción para las personas que quieren ganar dinero invirtiendo en criptodivisas, pero no tienen dinero para comprarlas en primer lugar. Lo bueno de la minería es que se puede hacer utilizando un ordenador de consumo; todo lo que se necesita es una tarjeta gráfica decente y una conexión a Internet.

Sin embargo, es importante tener en cuenta que tendrás que elegir la criptomoneda adecuada para minar si quieres ganar el máximo dinero posible. Por ejemplo, si vas a minar Ethereum entonces deberías minar Ethereum Classic a menos que ya hayas invertido en Ethereum porque es más rentable que su competidor.

La cantidad de dinero que se puede ganar con la minería varía dependiendo de la criptomoneda que elijas minar. Por ejemplo, hay criptodivisas como Monero que se han hecho populares por sus características de privacidad y que pueden hacer entre 200 y 1.000 dólares al día. Otras criptomonedas como Ethereum pueden ganar entre 100 y 1.500 dólares al día, dependiendo del ordenador que se utilice para minar.

Sin embargo, es importante tener en cuenta que la minería es un mercado muy competitivo y los precios de las diferentes criptodivisas fluctúan regularmente. Debido a esto, tendrá que estar atento a los precios de las diferentes criptodivisas para poder elegir las más rentables para la minería en un momento dado.

Cómo gastar su criptodivisa Una vez que tenga su criptodivisa, el siguiente paso es averiguar cómo gastarla. Esto se puede hacer utilizando la moneda para hacer compras con empresas que aceptan la criptodivisa como forma de pago.

Intercambios online La forma más popular de realizar compras con criptodivisas es a través de un intercambio online como Coinbase o Bitfinex, que permiten a los usuarios realizar pagos con Bitcoin, Ethereum y Litecoin. Además, también existen tarjetas de débito de Bitcoin, como la tarjeta Visa BitPay, que permiten a los usuarios pagar bienes y servicios en USD utilizando criptodivisas.

Sin embargo, gastar su criptodivisa puede ser un poco difícil para los principiantes porque la mayoría de los minoristas en línea no la aceptan como forma de pago. Hay unos pocos lugares que sí aceptan la criptodivisa como forma de pago y si estás buscando gastarla entonces deberías considerar estas tres opciones.

Ebay Ebay es uno de los minoristas en línea más populares del mundo, y cuando introdujeron su función "Buy It Now" en 1999 se convirtió en una de las primeras plataformas en permitir a la gente usar criptodivisas para comprar. Por lo tanto, si quieres ganar algo de dinero extra vendiendo productos en Ebay, deberías considerar aceptar pagos en monedas digitales como Bitcoin, Ethereum o Ripple.

Amazon Amazon es otra popular plataforma de compras en línea que permite a la gente usar criptodivisas para hacer compras en su sitio web. Aunque Amazon no proporciona ninguna información sobre cómo utilizar criptodivisas en su sitio web, algunas personas han descubierto que se pueden utilizar registrando una cuenta en Coinbase y vinculándola a su cuenta de Amazon. Así que, si quieres comprar cosas en Amazon, puedes considerar el uso de criptodivisas como método de pago.

Airbnb AirBnb es un popular sitio web de alquileres a corto plazo que permite a la gente poner sus propiedades en alquiler en la plataforma. Al igual que Ebay y Amazon, AirBnb permite que la gente pague por sus servicios con criptomonedas;

De hecho, una de las primeras propiedades listadas en la plataforma se pagó con criptodivisas. Así que, si estás buscando una forma alternativa de ganar dinero, entonces deberías considerar alquilar tu propiedad en AirBnb.

Oferta Inicial de Monedas (ICO) Otro método de gastar tu criptodivisa es participando en una Oferta Inicial de Monedas (ICO). Las ICOs se utilizan para recaudar fondos para un nuevo proyecto de criptodivisas y pueden hacerse a través de una plataforma existente o a través de un sitio web hecho a medida. La forma en que esto funciona es que los inversores comprarán tokens de la empresa y luego utilizarán esos tokens para financiar su proyecto a cambio de beneficios. Llegaremos a esto en los próximos capítulos.

Para gastar tu criptodivisa necesitarás usar una dirección pública. Esto es el equivalente a un número de cuenta bancaria y se utiliza para identificar su cartera de criptodivisas y hacer pagos con ella. Sin embargo, su dirección púbica no puede ser utilizada para revertir transacciones o acceder a su clave privada, que es la forma de acceder a su cartera.

Sólo se puede acceder a una clave privada utilizando una contraseña conocida como "frase de contraseña" que debe elegirse con mucho cuidado. Si tu frase de contraseña se pierde o se olvida, entonces no hay manera de que puedas acceder a tu criptodivisa a menos que crees una cartera completamente nueva con una nueva frase de contraseña.

La última cosa que debes saber sobre el gasto de criptodivisas es que puede tomar algún tiempo para que las transacciones se procesen. Por ejemplo, mientras que los pagos con tarjeta de crédito pueden tardar tan sólo 30 segundos en procesarse, los pagos con criptodivisas pueden tardar entre 5 y 60 minutos en procesarse, dependiendo de la criptodivisa que utilices. Esto se debe a que las criptomonedas son mucho más complejas que los métodos de pago tradicionales y son más lentas de verificar.

3

Cómo invertir

Mientras que la minería es una buena opción para las personas que quieren ganar dinero con las criptodivisas, no es tan buena si simplemente quieres comprarlas para conservarlas y ver cómo aumenta su valor con el tiempo. Aunque se puede hacer eso, la mejor opción es comprar criptodivisas y mantenerlas durante un periodo de tiempo antes de venderlas para obtener un beneficio.

La mejor manera de invertir en criptodivisas es utilizando un intercambio de divisas digitales, tal y como lo harías si las compraras. La principal diferencia es que, en lugar de comprar criptodivisas para ti, las estarás comprando para otra persona que quiera conservarlas.

Lo bueno de invertir en criptodivisas es que las comisiones que cobran los intercambios por cada transacción son mucho más bajas que las que cobran las compañías de tarjetas de crédito o PayPal. Esto hace que los intercambios sean una opción muy atractiva para los inversores de todo tipo, ya que pueden ganar mucho dinero con pequeñas transacciones si operan correctamente.

Otra ventaja de invertir en criptodivisas es que si las compras en un intercambio, el propio intercambio se encargará de toda la potencia de procesamiento necesaria para minarlas, de modo que lo único que tienes que hacer es ver cómo crece el valor con el tiempo.

Cómo invertir Para empezar a invertir en criptodivisas, tendrás que seguir estos pasos básicos:

Paso 1: Crear una cuenta en una casa de cambio Lo primero que hay que hacer es crear una cuenta en una casa de cambio de moneda digital y vincularla con su cuenta bancaria. Esto se puede hacer yendo a cualquier número de diferentes intercambios de criptodivisas como Binance, Coinbase, CEX.io o Bittrex. Una vez que haya elegido el intercambio que desea utilizar, tendrá que seguir las instrucciones en su sitio web con el fin de registrarse y vincular su cuenta bancaria con él. Algunos intercambios requieren que proporcione una prueba de dirección para su cuenta bancaria con el fin de evitar que la gente utilice el dinero de otras personas con fines ilegales.

Paso 2: Elegir la criptomoneda en la que desea invertir Una vez creada la cuenta, es el momento de empezar a elegir la criptomoneda en la que desea invertir. Hay muchos factores diferentes que determinarán en qué criptodivisas deberías invertir y lo más importante es elegir algunas que creas que van a ir bien en el futuro.

Paso 3: Transferir fondos a su cuenta de intercambio Después de haber elegido las criptodivisas en las que desea invertir, es el momento de transferir una pequeña cantidad de dinero a su cuenta de intercambio. Esta cantidad se utilizará para el comercio, y debe ser suficiente para cubrir las tasas asociadas con la realización de cualquier transacción. La mayoría de las bolsas cobran entre el 0,25% y el 1% por transacción, por lo que es importante tener esto en cuenta al hacer los cálculos sobre la cantidad de dinero que debe ser transferido a su cuenta.

Paso 4: Empieza a usar tu cuenta de intercambio Después de que tu cuenta de intercambio haya sido configurada, estás listo para empezar a comprar y vender criptodivisas con ella. Lo primero que se debe hacer es seguir adelante y vender su criptodivisa elegida por dinero en efectivo, utilizando el dinero que fue transferido a su cuenta anteriormente. Entonces es el momento de empezar a comprar otras criptodivisas con las ganancias de la primera venta de criptodivisas. Una vez más, todo esto se puede hacer siguiendo las instrucciones en el sitio web de su intercambio. Es importante tener en cuenta que tomará algún tiempo para configurar una cuenta de intercambio de criptomoneda y tener todo listo para ir, pero una vez que el proceso se ha completado entonces será relativamente simple para seguir haciendo lo que quieras.

Paso 5: Monitorear sus transacciones e inversiones Una vez que haya comenzado a comprar y vender criptodivisas utilizando su cuenta de intercambio, es importante mantener un ojo en las transacciones que están teniendo lugar. Esto se debe a que el valor de cada criptodivisa puede fluctuar enormemente de un momento a otro, por lo que tendrá que prestar atención para asegurarse de que no está pagando de más o de menos por una moneda determinada. Es una buena idea comprar y vender pequeñas cantidades de criptodivisas al principio hasta que te acostumbres a cómo se mueven en valor, después de lo cual se vuelve relativamente fácil hacer esto con éxito. Incluso los comerciantes experimentados cometen errores, por lo que es importante no frustrarse o molestarse si las cosas no salen perfectamente cada vez.

Paso 6: Transfiera su criptodivisa a su cartera privada Una vez que se ha hecho una cierta cantidad de dinero de la venta de criptodivisas, entonces es el momento de moverlo fuera del intercambio y en una cartera que está completamente bajo su control. Esto se debe a que los intercambios son propensos a ser hackeados, lo que podría resultar en la pérdida de todos sus fondos si usted sigue operando a través de ellos. La forma más fácil de transferir sus fondos fuera del intercambio es enviándolos a una dirección de cartera creada específicamente para este propósito. Hay muchos tipos diferentes de monederos, incluyendo monederos de escritorio, monederos móviles y monederos de papel. Cada tipo tiene sus propias ventajas y desventajas, por lo que es importante elegir uno que sea adecuado para sus propósitos.

Paso 7: Mantenga su criptodivisa durante un periodo de tiempo antes de venderla El último paso del proceso implica simplemente mantener su criptodivisa durante un periodo de tiempo antes de venderla de nuevo. Esto se puede hacer esperando hasta que su valor aumente o vendiendo cuando necesites algo de dinero para pagar algo. Lo importante es recordar que no es una buena idea vender una criptodivisa cuando su valor está aumentando porque entonces perderá una gran cantidad de beneficios potenciales. Por eso es importante establecer siempre un precio objetivo realista para la venta de su criptodivisa, de modo que pueda obtener el mayor beneficio posible.

La cantidad de dinero que debe invertir en criptodivisas dependerá de algunas cosas. Lo primero a tener en cuenta es cuánto dinero tienes disponible para invertir, y lo segundo es cuánto riesgo estás dispuesto a asumir. Es importante entender que las criptodivisas no son estables y pueden fluctuar mucho de un momento a otro. Por lo tanto, si usted está invirtiendo una gran cantidad de dinero en criptodivisas, entonces probablemente sería prudente repartirlo en un número de diferentes criptodivisas para que no termine perdiendo todo si todas se estrellan de repente al mismo tiempo.

La otra cosa importante a tener en cuenta cuando se trata de invertir es que es un juego a largo plazo. Esto significa que no debe entrar en pánico si ha invertido en una criptodivisa que no va bien, y tampoco debe emocionarse demasiado si ha invertido en una que va bien. Esto se debe a que, con el paso del tiempo, las criptodivisas son conocidas por sus grandes fluctuaciones, lo que significa que pueden subir miles de dólares en un solo día antes de volver a bajar. Por lo tanto, en lugar de preocuparse por si su inversión subirá o bajará, concéntrese en el objetivo a largo plazo y piense en la cantidad de dinero que ganará en el transcurso de unos meses o incluso años.

Para saber la cantidad exacta de dinero que debe invertir, puede utilizar la siguiente fórmula:

(Cantidad de dinero disponible para invertir en USD)/(Precio objetivo por criptodivisa) = Cantidad de criptodivisa a comprar Por ejemplo, si quieres invertir 1000 USD en una criptodivisa que tiene un precio objetivo de 100 USD entonces la cantidad de criptodivisa que comprarías sería 10,5. Esto se debe a que esta es la cantidad de dólares que se necesitan para obtener 10 monedas al precio objetivo. Por supuesto, habrá algunas tasas de transacción involucradas, por lo que debe asegurarse de tenerlas en cuenta al hacer este cálculo.

Es importante entender que es posible que las criptomonedas pierdan su valor con el tiempo, como se mencionó anteriormente, es posible que bajen de valor si no se mantienen seguras. Por eso es importante invertir en criptodivisas sólo la cantidad de dinero que se esté dispuesto a perder.

Cómo abrir una cuenta Después de revisar todos los pasos involucrados en cómo invertir en criptodivisas, ahora es el momento de echar un vistazo a cómo ir sobre la apertura de una cuenta con un intercambio. Aquí hay una guía paso a paso sobre cómo hacerlo:

Paso 1: Decida dónde quiere abrir una cuenta Como se ha mencionado, hay numerosos intercambios que le permiten operar con criptodivisas. Como tal, el primer paso para abrir una cuenta con un intercambio sería decidir dónde desea abrir su cuenta. Para ello, debes investigar y leer las reseñas de las distintas bolsas que existen. Esto le ayudará a averiguar cuáles son de buena reputación y cuáles no, para que pueda preseleccionar sólo los intercambios que se ajustan a la factura.

Paso 2: Elegir un tipo de cuenta Una vez que haya preseleccionado las bolsas con las que desea operar, el siguiente paso sería elegir el tipo de cuenta que desea abrir. Hay tres tipos principales de cuentas que puede abrir en una bolsa: una cuenta básica, una cuenta estándar y una cuenta de trading profesional completa. De estas tres opciones, la más común es la cuenta básica, que no permite operar con márgenes y tiene un acceso limitado a ciertas funciones, como el stop loss.

Si desea operar con criptomonedas a nivel profesional, deberá abrir una cuenta de trading profesional avanzada o completa. Sin embargo, si todo lo que está buscando es hacer simples operaciones e inversiones en criptodivisas, entonces no hay necesidad de pasar por la molestia de abrir una cuenta de comercio avanzada o profesional con un intercambio. Una vez más, esto depende totalmente de sus necesidades y requerimientos.

Paso 3: Rellenar todos los formularios requeridos Al abrir una cuenta con un intercambio, se le pedirá que rellene algunos formularios. Estos formularios incluirán su nombre completo, fecha de nacimiento, dirección y otros datos personales. Esto se hace para asegurar que usted es quien dice ser y que tiene la autoridad para operar la cuenta en cuestión.

Asegúrese de ser honesto y veraz al rellenar los formularios. Rellenar un formulario falso se considera un fraude, y podría tener problemas por hacerlo. Por último, asegúrese de leer todos los términos y condiciones antes de enviar los formularios.

Paso 4: Verificar su identidad Una vez que haya rellenado los formularios requeridos, el siguiente paso es verificar su identidad. Las bolsas suelen pedir documentos como una fotocopia del pasaporte o del documento nacional de identidad, facturas recientes de servicios públicos y fotocopias de otros documentos oficiales de identificación, como el permiso de conducir o el carné de votante. Estos documentos se utilizan para verificar que la persona que abre una cuenta en una casa de cambio es quien dice ser.

La verificación de la identidad de una persona a partir de los documentos que se le entregan puede tardar entre una hora y una semana. Este plazo varía en función de su lugar de residencia y del país en el que se encuentre la casa de cambio.

Paso 5:

Depositar fondos en su cuenta Una vez que haya abierto una cuenta con un intercambio, el siguiente paso sería depositar fondos en esa cuenta. Esto se puede hacer ya sea mediante la transferencia de dinero de su cuenta bancaria o mediante la realización de transacciones con criptomonedas. Dependiendo de la bolsa, es posible que incluso pueda utilizar una tarjeta de crédito o débito para depositar fondos. Esto es algo que es mejor discutir con los representantes de servicio al cliente en el intercambio en cuestión.

Una vez más, deberías mirar las reseñas en línea de varios intercambios y sus departamentos de servicio al cliente antes de elegir uno sobre otro. Esto le ayudará a averiguar qué intercambios tienen la mejor reputación y los departamentos de servicio al cliente, y cuáles no, para que pueda elegir sabiamente y evitar problemas en el camino. Todo el mundo tiene diferentes gustos y preferencias; si un intercambio ofrece una característica que otro no, entonces lo más probable es que termines eligiendo el que se adapte mejor a tus necesidades.

Intercambios de criptodivisas Hay un número de intercambios de criptodivisas diferentes que puede utilizar. Lo primero que debe tener en cuenta es en qué criptodivisas quiere invertir y luego elegir un intercambio que ofrezca esos tipos de criptodivisas. Los intercambios más populares son Binance, Bittrex, Coinbase y Poloniex.

Binance Binance es uno de los mayores intercambios en el mundo, y tienen su sede en China. El intercambio de Binance funciona permitiendo a los usuarios intercambiar sus criptodivisas por otras criptodivisas. También te permite intercambiar tus criptodivisas por moneda fiduciaria, y esto significa que puedes utilizar fácilmente Binance para convertir tus criptodivisas en moneda fiduciaria si quieres cobrar.

Bittrex Otro intercambio popular es Bittrex, que tiene su sede en Seattle y fue fundado en 2014. Bittrex ofrece una amplia gama de diferentes criptodivisas, y también tiene una aplicación móvil. Hay que tener en cuenta que la única forma de depositar dinero en Bittrex es a través de una transferencia bancaria o un giro, así que asegúrate de comprobar el proceso antes de invertir cualquier dinero en ella.

Coinbase Coinbase es también uno de los intercambios de criptodivisas más populares del mundo, y es un intercambio basado en los Estados Unidos. Esto significa que opera de acuerdo con la ley de los Estados Unidos, por lo que si usted es un ciudadano estadounidense, entonces usted querrá utilizar este intercambio. Uno de los mayores beneficios de Coinbase es que es fácil de usar, por lo que incluso si usted es un completo principiante será capaz de empezar de inmediato.

Poloniex Por último, pero no menos importante, Poloniex tiene su sede en los Estados Unidos y fue fundada en 2014. Ofrecen una amplia gama de diferentes criptodivisas, incluyendo Bitcoin Cash y Ethereum Classic. También ofrecen operaciones de margen, lo que significa que la gente puede aumentar su inversión hasta 3 veces pidiendo dinero prestado a Poloniex. Sin embargo, esto significa que la gente debe vigilar de cerca sus operaciones de margen porque si no devuelven el dinero que deben a Poloniex, podrían verse obligados a vender algunas de sus criptodivisas con pérdidas.

Comprender el precio de la criptodivisa Antes de invertir en criptodivisa, es importante comprender cómo se determina su precio. Como se ha mencionado anteriormente, las criptodivisas no están controladas por una autoridad central. En su lugar, son controladas por las personas que las utilizan. Por ejemplo, si una criptodivisa se hace muy popular, esto lleva a que más personas la compren y la usen, lo que a su vez lleva a que más negocios la acepten como forma de pago. A medida que más personas empiecen a utilizarla, el precio subirá.

Sin embargo, también puede ocurrir lo contrario; si el valor de una criptodivisa en particular empieza a caer, significa que menos personas están dispuestas a comprarla o venderla debido a su bajo rendimiento. Esto hace que el precio baje aún más hasta llegar a un punto en el que la gente decide que ya no vale la pena invertir en ella porque simplemente no hay suficiente dinero en ella para obtener un beneficio real. Esto es lo que llamamos el efecto "pump and dump"; ves que algo está subiendo y decides invertir en él, sólo para descubrir que ha subido tanto que acabas perdiendo más dinero del que habrías perdido si lo hubieras comprado en el punto más bajo de la bomba.

Antes de decidirse a invertir en cualquier criptodivisa, asegúrese de entender cómo se determina su precio. Esto no sólo le dará una idea de cuánto dinero puede ganar invirtiendo en ella, sino que también le ayudará a evitar perder dinero si una criptodivisa se desploma de repente.

Lo primero que hay que mirar cuando se trata de criptodivisas es la capitalización de mercado de cada una. Básicamente, la capitalización de mercado se puede comparar con el precio de las acciones porque se utiliza para determinar el valor de una empresa. Para averiguar la capitalización de mercado de una criptodivisa basta con averiguar cuántas monedas de ese tipo se han minado y multiplicarlas por su precio por moneda.

Por ejemplo, en el momento de escribir este libro, Ethereum valía 650 dólares por moneda, Litecoin 50 dólares por moneda y Bitcoin 8500 dólares por moneda. La capitalización de mercado de Ethereum era de unos 62.000 millones de dólares, mientras que la de Litecoin era de unos 2.000 millones de dólares y la de Bitcoin de unos 200.000 millones de dólares. Esto demuestra que Ethereum tiene mucho más potencial para ser rentable en el futuro que Litecoin o Bitcoin porque tiene una capitalización de mercado extremadamente baja.

Otra cosa importante que hay que mirar es el precio actual por moneda, así como el precio por moneda de cada criptodivisa en el pasado. La razón por la que es importante mirar el pasado es que te da una idea de cuánto beneficio puedes obtener comprando esa criptodivisa, y cuándo es mejor comprarla.

Por ejemplo, si usted compró una determinada criptodivisa cuando su precio era de 10 dólares y luego la vendió cuando su precio alcanzó los 100 dólares, entonces su ganancia sería del 1000%. Sin embargo, si la compró a 10 dólares y la vendió cuando su precio alcanzó sólo 20 dólares, su ganancia sería del 400%. Por lo tanto, cuanto más cara sea una criptomoneda en relación con sus precios anteriores, mayor será su ganancia potencial si consigue vender esa criptomoneda por más de lo que la compró.

Los riesgos que implica la inversión en criptodivisas Aunque la inversión en criptodivisas puede ser una empresa muy rentable, conlleva riesgos. Por lo tanto, debe considerarlos cuidadosamente antes de decidir si invertir o no en ellas.

Volatilidad El principal riesgo que correrá al invertir en criptomonedas es que no hay forma de saber cuánto valdrán en el futuro. Esto significa que podría invertir 1.000 dólares hoy y despertarse para descubrir que se ha devaluado en unos cientos de dólares, o podría subir 1.000 dólares o más de la noche a la mañana.

Este es también el aspecto más emocionante de la inversión en criptodivisas, porque aunque es arriesgada, también tiene el potencial de ofrecer enormes ganancias. Por ejemplo, se mencionó anteriormente que el Bitcoin valía menos de 10 dólares en 2012, pero si hubieras invertido 1000 dólares en ese momento, entonces tu inversión habría valido más de 20 millones de dólares en 2017. Esto demuestra lo lucrativa que puede ser la criptomoneda para los inversores que estén dispuestos a asumir el riesgo.

Como se ha mencionado anteriormente, las criptodivisas son muy volátiles. Esto significa que tienden a subir y bajar de valor muy rápidamente en períodos cortos de tiempo. Esto no es ideal para las personas que buscan comprar y mantener una criptodivisa a largo plazo, porque si el valor cae cientos de dólares, podrían pasar semanas o incluso meses antes de que vuelva a subir.

No todas las criptomonedas van a tener éxito. De hecho, sería justo decir que la mayoría de ellas no van a tener éxito, por lo que es posible que desee considerar la diversificación de sus inversiones a través de múltiples criptomonedas en lugar de apostar todo su dinero en una sola criptomoneda.

Riesgo de seguridad Otro riesgo que conlleva la inversión en criptodivisas es el riesgo de seguridad, lo que significa que corres el riesgo de perder tu dinero si tu intercambio de criptodivisas es hackeado y tus fondos son robados. En la actualidad hay una serie de intercambios que le permiten comprar y vender varias criptodivisas, pero la mayoría de ellos han sido hackeados en algún momento debido a un error humano o a la adopción de medidas de seguridad deficientes. Por lo tanto, si decides invertir en criptodivisas, es importante que elijas un intercambio de buena reputación que haya existido durante un tiempo y que cuente con buenas medidas de seguridad.

Tenga en cuenta que este mercado es todavía nuevo. Esto significa que en este momento todavía no hay leyes o regulaciones que gobiernen las criptodivisas, así que si algo malo le sucede a su criptodivisa, como que sea hackeada o robada, entonces existe la posibilidad de que no pueda recuperar su dinero.

Riesgo regulatorio Otro riesgo a tener en cuenta a la hora de invertir en criptodivisas es el riesgo regulatorio. Esto significa que corres el riesgo de no poder usar o intercambiar tus criptodivisas si un gobierno decide prohibirlas. Un ejemplo de esto ocurrió en China allá por 2017, y provocó la caída del valor del Bitcoin en casi un 50%.

Entender tu tolerancia al riesgo Una de las cosas más importantes que debes hacer cuando se trata de invertir en criptodivisas es entender primero tu propia tolerancia al riesgo. Esto significa que debe tratar de determinar cuánto dinero está dispuesto a perder antes de decidir vender sus activos y alejarse.

Por ejemplo, si tiene una tolerancia al riesgo de 5.000 dólares, esto significa que si el valor de una criptomoneda en particular cae en 5.000 dólares o más, entonces la venderá y evitará más pérdidas. Tenga en cuenta que la mayoría de las personas que invierten en criptodivisas no tienen una cantidad de pérdida establecida y simplemente esperan que el valor vuelva a subir pronto para poder recuperar sus pérdidas. Sin embargo, esto no es una buena idea, ya que le deja expuesto a pérdidas que podría no ser capaz de pagar. Esto se denomina mentalidad "a corto plazo", y puede ser muy arriesgada.

En su lugar, siempre debe tener en mente una cantidad de pérdida establecida antes de invertir en cualquier criptodivisa. Por ejemplo, si tiene un límite de 10.000 dólares, esto significa que sólo comprará la cantidad de criptodivisas que le sobren. De este modo, pase lo que pase, no se arriesgará a perder más dinero del que pueda permitirse.

Cada persona tiene una percepción diferente del riesgo, y algunas personas no se sentirán cómodas invirtiendo en algo tan volátil como las criptomonedas. Por lo tanto, si eres nuevo en la inversión, es una buena idea empezar con algo menos arriesgado mientras te acostumbras al proceso de compra y venta de un activo.

Las regulaciones para invertir en criptodivisas Como probablemente pueda deducir a estas alturas, las criptodivisas están fuertemente reguladas en algunos países pero no en otros. Y, si quieres invertir en criptodivisas, entonces tendrás que averiguar si son legales o no donde vives.

Por ejemplo, las criptomonedas son ilegales en Bolivia, Ecuador e Islandia, mientras que son legales y están reguladas en lugares como la India y Japón. En Estados Unidos, por ejemplo, las criptodivisas están reguladas en algunos estados y en otros no. Por eso es importante investigar con antelación y ver cuál es la normativa del lugar donde se vive.

Las normas relativas a las criptodivisas varían según el país en el que vivas, pero hay algunas cosas que siguen siendo las mismas estés donde estés. Por lo tanto, aquí están algunas de las reglas básicas que se aplican a la inversión en criptodivisas, independientemente de la ubicación:

1. La primera regla es que debes tener 18 años o más para poder invertir en criptodivisas. Esto se debe a que la edad legal para la inversión financiera varía de un país a otro, y es ilegal que cualquier persona menor de 18 años invierta en algo que pueda afectar a su futuro.

2. La segunda regla es que usted necesita tener una identificación válida con el fin de invertir en cryptocurrencies. Esto significa que necesitarás una identificación emitida por el gobierno, como una licencia de

conducir, un pasaporte o un documento nacional de identidad. La razón por la que se requiere esto es porque necesitarás que tu identificación sea verificada para fines fiscales y contra el lavado de dinero.

3. La cuarta regla es que no se puede utilizar el comercio de margen para aumentar su inversión en criptodivisas. Esto significa que no puedes usar crédito o dinero prestado para comprar más criptodivisas de las que podrías pagar si las compraras con tu propio dinero. Es importante tener en cuenta que los intercambios de criptodivisas no son como las plataformas de intercambio tradicionales, y a menudo no hay regulaciones en cuanto a cómo se gestionan los fondos. Por lo tanto, si pides dinero prestado a un amigo o miembro de la familia y no devuelven lo que deben, entonces es poco probable que recibas ayuda del gobierno o de las fuerzas del orden.

4. La regla final es que es ilegal usar o intercambiar criptomonedas con fines de lavado de dinero. Por lo tanto, esto significa que si un individuo trata de usarlas con el fin de ocultar su identidad o actividades de su gobierno, entonces están rompiendo la ley y podrían enfrentarse a multas o prisión.

4

¿Es la inversión en Bitcoin para usted?

El panorama de la inversión en bitcoin puede ser intimidante y confuso para los principiantes, pero también gratificante. Al igual que otras carteras de inversión de alto riesgo, invertir en bitcoin es tanto una apuesta como un placer. Es importante aprender sobre el sistema y cómo funcionará para usted. El bitcoin es una inversión volátil. Su historia ha mostrado algunos momentos defectuosos, pero las tendencias actuales son muy atractivas para los inversores.

Para los nuevos inversores como usted, es crucial determinar si sus objetivos de inversión y su perfil de riesgo personal están alineados con el sistema bitcoin. Debe recordar que la criptomoneda es un activo intangible. Su valor depende del interés del inversor. Tiene características únicas que le ayudan a multiplicar su dinero, así como riesgos que pueden hacerlo perder. Si estás pensando en diversificar tu dinero, echa un vistazo a las siguientes razones que pueden ayudarte a decidir si la inversión en bitcoin es para ti.

Principales razones para invertir en bitcoin 1 - La adopción de bitcoin está creciendo con fuerza.

Bitcoin está teniendo un gran éxito a medida que la adopción global se acelera. Los registros muestran que a lo largo de 2020, los usuarios de bitcoin aumentaron significativamente como lo demuestra el número de carteras. De 45 millones de carteras, el número creció a más de 67 millones en los últimos 12 meses.

Los expertos financieros lo califican como la mayor racha alcista de las criptomonedas hasta ahora desde 2017. Según el informe de la empresa de gestión de activos CoinShares, las entradas en productos de inversión en criptomonedas, incluido el bitcoin, alcanzaron los 1.300 millones de dólares a partir de enero de 2021. En 2015, el valor de Bitcoin estaba en el rango de 300 a 400 dólares.

Además, más inversores institucionales y empresas que cotizan en bolsa están comprando cantidades masivas de Bitcoin como activo de reserva o en nombre de sus propios inversores. Las principales empresas, incluida Tesla, de Elon Musk, han comprado colectivamente grandes unidades de criptodivisa, que han alcanzado su nuevo máximo histórico. Sólo Tesla ha invertido 1.500 millones de dólares, lo que ha impulsado el precio del BTC al alza.

La tendencia positiva de los últimos meses alimentó el frenesí que llevó a los inversores veteranos y nuevos a adquirir Bitcoin de diversas fuentes. Los inversores minoristas también están dejando su Bitcoin con custodios de confianza como Square's Cash App, Coinbase y PayPal.

Los compradores de BTC a través de Cash App siguen creciendo en número, lo que se traduce en unos ingresos de 1.630 millones de dólares, con un beneficio bruto de 32 millones de dólares durante el tercer trimestre de 2020. PayPal también ha acelerado su propio despliegue de criptomonedas, permitiendo a los clientes elegibles en Estados Unidos vender, comprar o mantener bitcoin y otras criptomonedas. También garantiza que durante los primeros meses de 2021, los 26 millones de comerciantes de PayPal comenzarán a aceptar cripto como forma de pago.

2 - Wall Street se suma al carro de las criptodivisas.

El bitcoin aplastó al oro y a otras acciones en 2020. Es el nuevo rey de Wall Street, ya que cada vez más empresas gigantes e inversores adoptan el bitcoin como parte de su estrategia de asignación de capital. El fuerte rendimiento del bitcoin lo convierte en el activo con mejor rendimiento de 2020.

La plataforma de análisis de negocios MicroStrategy invirtió 250 millones de dólares para comprar 21.454 bitcoins en agosto de 2020 y continuó su racha de compras. En la actualidad, tiene una reserva de 71.079 BTC o el equivalente a más de 3.000 millones de dólares. El siguiente mayor inversor en bitcoins es el fabricante de vehículos eléctricos Tesla, con un total de 1.500 millones de dólares en bitcoins. Se une a la lista el banco comercial centrado en las criptomonedas Galaxy Digital Holdings. Posee unos 16.402 BTC, cuyo valor supera los 770 millones de dólares.

3 - La propuesta de valor única de Bitcoin se adapta al entorno macro.

Como muestra la historia, esta criptodivisa nació durante la crisis financiera global de 2009. Después de más de una década, ha crecido exponencialmente y ha atraído a destacados macroinversores. La pandemia del COVID-19 está provocando nuevas crisis financieras, haciendo que más empresas y particulares opten por alternativas como la inversión en bitcoin para asegurar sus fondos. Parece que Satoshi Nakamoto diseñó el bitcoin como una gran solución a este escenario global. La naturaleza restrictiva de la oferta de bitcoin, que limita su total a 21 millones de unidades, ha creado escasez digital. Toda la oferta provendrá de los propietarios existentes y se venderán a precios más altos cuando los vendan.

4 - El Stock to Flow (S2F) de Bitcoin es 100% preciso.

Bitcoin es un software de código abierto que tiene un programa de suministro fijo. Esto hace que la medición del S2F sea más precisa y fácil. Stock-to-flow (S2F) es un concepto de inversión para cuantificar la escasez del bien. El stock es la oferta total en circulación, mientras que el flujo se refiere a la cantidad de nueva oferta por año.

Por ejemplo, en mayo de 2020, el Stock-to-Flow de bitcoin es de 56, que es casi lo mismo que el oro. Es posible que durante la próxima reducción a la mitad, sea tan escaso como el oro. La reducción a la mitad de Bitcoin se define como el proceso de reducir a la mitad la recompensa después de minar un conjunto de 210.000 bloques.

Según la casa de inversiones estadounidense Fidelity, las materias primas o los activos con un alto Stock-to-Flow tienen almacenes de valor superiores. Este informe fue aclamado además por Grayscale Investment cuando publicó un informe diciendo que "las materias primas como el oro, la plata y el Bitcoin tienen un alto S2F e históricamente se han utilizado como almacenes de valor."

Se predice que para 2024, el próximo evento de reducción a la mitad, el valor de bitcoin eclipsará el valor de almacén del oro. El protocolo de suministro limitado de Bitcoin también aumenta su valor a los ojos de los inversores inteligentes. PayPal, por ejemplo, está comprando actualmente más del 100% de la nueva oferta de bitcoin. Cada día se minan una media de 144 bloques. Cada bloque genera 6,25 nuevos bitcoins. Multiplicando las unidades dadas, hay una media de 900 nuevas monedas minadas al día.

5 - Bitcoin siempre ha conseguido recuperarse con más fuerza después de una caída de precios.

Durante la última década, el bitcoin consiguió superar todos sus máximos históricos anteriores y se recuperó rápidamente. Muchas veces se especuló en los medios de comunicación y en las redes sociales que Bitcoin no sobreviviría a los acontecimientos que pusieron a prueba su existencia. Sin embargo, sigue firme y creciendo con fuerza.

A mediados de 2011, el precio del bitcoin era de 30 dólares. Pero el hackeo del intercambio de Mt.Gox hizo que el precio cayera a 2 dólares en noviembre. En abril de 2013, el bitcoin llegó a los 260 dólares. Pero en cuestión de horas Mt.Gox sufrió un ataque DDoS, lo que provocó una caída de más del 50% en el precio. Tuvieron que pasar siete meses para que Bitcoin se recuperara y tuviera otro máximo histórico.

Bitcoin alcanzó su marca simbólica de 1.000 dólares a finales de 2013, pero se desplomó gradualmente hasta los 175 dólares en el plazo de dos años. No fue hasta 2017 cuando el bitcoin volvió a alcanzar su marca de 1.000 dólares y llegó hasta los 20.000 dólares por moneda en diciembre de 2017.

Esta capacidad única de bitcoin para superar todos sus máximos históricos anteriores después de las crisis es otra buena razón por la que debe comenzar ahora mismo. Con la actual degradación de la moneda y la inflación del precio de los activos, la inversión en bitcoin es una cobertura definitiva.

Sopesar los pros y los contras A la hora de decidir si se está preparado para el reto, lo primero que hay que tener en cuenta son los riesgos que conlleva. El conocimiento es poder, como dice el cliché. Invertir el dinero que tanto le ha costado ganar es una decisión importante que puede afectar a su situación financiera futura, así que sea inteligente y prudente. Nadie puede predecir cuánto durará la tendencia alcista.

El Bitcoin ha experimentado fluctuaciones de precio entre 2017 y 2019, donde su valor se disparó desde unos 1.000 dólares hasta más de 17.000 dólares. Después de un tiempo, se desplomó hasta unos 3.000 dólares. Las turbulencias extremas pueden provocar una pérdida de hasta el 80% de su valor.

¿Es el bitcoin realmente el futuro de las transacciones financieras mundiales? ¿Sobrevivirá a las pruebas de los tiempos modernos?

Es posible duplicar o triplicar su inversión en criptodivisas. Tiene un gran potencial de recompensas que las personas que se atrevieron están disfrutando en este mismo momento. Muchos inversores ven el bitcoin como una gran inversión a largo plazo debido a su escasa oferta en el mercado. El número máximo de monedas sería de sólo 21 millones, lo que la hace más valiosa en comparación con las monedas fiduciarias.

Cómo invertir en bitcoin de forma segura Invertir siempre implica tener la mente abierta y asumir los posibles riesgos, al tiempo que se trabaja para hacerlo de forma segura. Es muy importante no poner todos los huevos en el bitcoin. Asegúrate de tener una cartera de inversiones bien diversificada porque históricamente el bitcoin tiene sus curvas y vueltas.

Esto ha causado pérdidas devastadoras a los inversores, pero también les ha dado enormes beneficios cuando el bitcoin rebota.

La inversión en bitcoin es ideal para inversores serios, pero flexibles, que no temen los riesgos. Debido a la naturaleza volátil del bitcoin, es vital que el resto de sus inversiones sean seguras y estables. Esto significa que debes tener varias inversiones en fondos de inversión y fondos indexados. Probablemente, la mejor regla general es invertir sólo el dinero que puedas permitirte perder. Siempre es una buena idea prepararse para cuando ocurran cosas malas.

Múltiples formas de invertir en bitcoin Al igual que las acciones, puede empezar a comprar y mantener bitcoin como inversión o elegir invertir en fondos de inversión. También hay fondos cotizados (ETF), cuentas especiales de jubilación (IRA) y otras variantes.

- Comprar un bitcoin independiente Esta es la forma más sencilla de empezar a invertir en bitcoin y tiene un potencial de grandes ganancias. Se puede comprar un bitcoin o una fracción del mismo a través de aplicaciones de comercio. Los mejores lugares para conseguirlos son Coinbase, eToro, CoinMama, Robinhood, Bisq y BlockFi.

Coinbase y eToro son lugares ideales para los principiantes. Coinbase tiene un historial de seguridad sólido y fiable y ofrece tarifas de transacción razonables. Cuenta con más de 43 millones de usuarios verificados y tiene una impresionante y larga trayectoria en el comercio de criptodivisas. eToro también es un gran lugar para empezar a comprar bitcoins. Tiene una plataforma web fácil de usar y un sistema de intercambio de copias que te ayuda a aprender las técnicas de operación de los operadores expertos en bitcoin.

Para empezar a comprar monedas, tienes que crear una cuenta y depositar el pago para comprar bitcoins. Una vez completada la transacción, tu compra se almacenará en tu monedero digital encriptado, y podrás acceder a su rendimiento de precios. Usted puede decidir si la vende o la mantiene.

- Grayscale Bitcoin Investment Trust En la actualidad, GBIT es el único fideicomiso de bitcoins que cotiza en bolsa en el sector. Cuando se invierte en Greyscale, no es necesario unirse a una bolsa de bitcoins ni crear una cartera digital para comprar acciones. Sin embargo, el coste de cada acción es mayor porque también se paga por la comodidad. La empresa se encarga de las operaciones y hace que su dinero trabaje para ganar intereses. Además, sus acciones pueden ser mantenidas en su elección de Roth IRAs, IRAs, u otras cuentas de inversores/corredores.

Como inversor, se le proporcionará un producto que sigue el valor de una décima parte de un bitcoin. Si el valor del bitcoin es de 1.000 dólares, cada acción tiene un valor liquidativo de 100 dólares. GBTC mantiene una comisión del 2% sobre cada acción, que afecta a su valor subyacente. La comisión es por la facilidad de uso, la liquidez y la seguridad de su acción.

- Fondos cotizados de Bitcoin (ETFs) Los ETFs de Bitcoin permiten a los inversores invertir en BTC sin pasar por las bolsas de criptomonedas. Estos fondos cotizados pueden seguir el valor del bitcoin y permiten a los inversores comprar o vender el valor en la bolsa en cualquier momento del día. Para comenzar a invertir en ETFs, es necesario descargar una aplicación de comercio móvil o configurar su cuenta de corretaje en línea. Al salir, puede elegir recibir su dinero a través de bitcoin real o moneda fiduciaria.

- Fondo de índice El fondo de índice se refiere a carteras compuestas por activos que están diseñados para imitar el rendimiento del índice. Del mismo modo, los fondos de índice de criptomonedas trabajan para seguir los índices de los activos de criptomonedas en el mercado comercial. Algunos ejemplos son Bitwise 10 Crypto Index Fund, Cryptoindex y CRYPTO20.

Cuando se invierte en fondos de índices de criptomonedas, se posee una cesta de activos y se pueden obtener mayores dividendos. Sin embargo, los riesgos asociados a los criptoactivos también son mayores.

Recompensas financieras y personales El rendimiento abrumador de Bitcoin como inversión y como moneda es su punto de venta. Hay muchas historias de éxito que inspiran a los inversores a probar suerte en la inversión en Bitcoin. La historia de Erick Fineman es una buena. Pidió prestados 1000 dólares a su abuela cuando tenía 11 años. Era 2011 y el precio del Bitcoin era de 12 dólares por unidad. Su hermano le ayudó a invertir en bitcoin. A finales de 2013, cosechó sus beneficios cuando el valor del bitcoin subió a 1.200 dólares. Compró una empresa de educación en enero de 2015pero finalmente la vendió por 100.000 dólares o 300 bitcoins. Eligió los bitcoins y ganó más. Se autoproclamó millonario a los 18 años.

Entonces, ¿qué se obtiene de la inversión en bitcoins?

Liquidez Con corredores, bolsas y plataformas de comercio en línea en todo el mundo, Bitcoin es uno de los activos más líquidos. Esta gran liquidez del bitcoin es ideal para su objetivo de obtener beneficios a corto plazo.

Nuevas oportunidades Como nuevo actor en la industria, la volatilidad y las oscilaciones de precios de las criptodivisas como el Bitcoin pueden ser desalentadoras, pero también crean oportunidades para dar a los inversores ganancias masivas.

Menor tasa de inflación Los Bitcoins no están regulados por el gobierno, a diferencia de las monedas mundiales. Este factor y el sistema infinito de blockchain mantienen el valor de sus criptomonedas intacto.

Comercio mínimo y rápido El comercio de Bitcoin es simple y minimalista en comparación con el comercio tradicional de acciones que requiere una licencia o certificado.

Oportunidad de alcanzar tus objetivos La creciente demanda de bitcoin hace que sea más valioso. Aprovechando su popularidad y adopción global como medio de intercambio de bienes y servicios, sus posibilidades de obtener mayores beneficios son grandes.

Ingresos regulares Invertir puede proporcionarle unos ingresos regulares que puedan cubrir sus gastos diarios. Lo mejor es tener una serie de inversiones para asegurarse de que no perderá todo su dinero cuando una de ellas se desplome.

Los ciclos emocionales Cuando se trata de invertir, el comportamiento de los inversores se ha convertido en el centro de atención de diversos estudios. Como humanos, a veces permitimos que nuestras emociones anulen nuestros pensamientos racionales a la hora de tomar decisiones. Esto da lugar a ciclos emocionales de los inversores que conducen a decisiones equivocadas.

Es normal emocionarse cuando las carteras de inversión funcionan bien o decepcionarse cuando las cosas van mal. Cuando todo parece estupendo, puede sentir que nada puede impedirle obtener su cuota de éxito. Cuando las cosas van mal, tiendes a tomar medidas drásticas. Y como las emociones tienen un gran impacto en su salud financiera, es necesario que conozca el ciclo de las emociones en el mercado. Comprenderlas le proporciona un colchón de protección frente a las consecuencias negativas que pueden derivarse de reacciones irracionales e impulsivas.

Lógicamente, su respuesta emocional a la inversión depende de las condiciones del mercado. Esto genera diferentes olas de emoción o ciclos emocionales.

- Optimismo Todo inversor comienza el camino de la inversión con optimismo. La perspectiva positiva le hace confiar en la compra de una cartera de inversiones o de un producto. Espera que las cosas salgan bien y disfruta del rendimiento de la inversión.
- Emoción Ahora es un inversor orgulloso y anticipa la posibilidad de obtener grandes beneficios. Se siente entusiasmado cuando el mercado empieza a subir y manifiesta sus expectativas.
- Emoción A medida que el mercado sigue funcionando bien, usted comienza a disfrutar de las ganancias y se siente muy seguro de su decisión. Se entusiasma más.
- Euforia El mercado está subiendo y usted no quiere perder la oportunidad de ganar más. Ves que casi todo el mundo se lanza a comprar más acciones. En este ciclo, empiezas a creer que todo lo que tocas se convierte en oro y

no puedes permitirte cometer errores. Empiezas a engañarte a ti mismo pensando que puedes vencer al mercado. En este punto, la ganancia financiera potencial es alta, pero el riesgo financiero también está en su nivel máximo.

- Ansiedad Esto señala la segunda fase del ciclo. El mercado empieza a mostrar algunos signos de debilidad. Deja de cumplir sus elevadas expectativas, aunque las perspectivas a largo plazo siguen siendo generalmente positivas. En esta coyuntura, usted se dice a sí mismo que es sólo un breve desvío. Comienza a observar el mercado más de cerca, esperando ansiosamente cualquier señal positiva de dirección.

- Negación A medida que la corrección del mercado continúa, usted empieza a dudar de su decisión. Comienza a actuar a la defensiva y a negar lo que está sucediendo. En este punto, muchos nuevos actores de la inversión piensan en cambiar a acciones más defensivas y salir de los activos más arriesgados.

- Miedo En este punto, usted está contemplando su decisión y comparando su percepción con la realidad. Te sientes inseguro sobre lo que quieres hacer. El nivel de incertidumbre y temor por su inversión está en su nivel máximo. Su confianza en el mercado alcista a largo plazo está disminuyendo y comienza a estudiar clases de activos a corto plazo como los bonos.

- Desesperación Empieza a preocuparse por su inversión y a esperar cualquier cosa que le devuelva a las ganancias. Mientras aguanta desesperadamente, intenta aceptar que sus posibilidades de obtener beneficios no se producirán.

- Pánico Es la tercera fase del ciclo en la que sientes el mayor impacto emocional. Se siente impotente y desesperado a medida que la realidad del mercado pasa a primer plano. Empieza a cundir el pánico al perder el control de la situación. Irónicamente, este es el periodo en el que los inversores no ven que en realidad están al borde de la máxima oportunidad financiera.

- Capitulación Se está preparando para salir del mercado y quiere vender su posición. Durante esta etapa, quiere evitar llegar al punto de ruptura y sufrir más pérdidas.

- Desaliento A pesar del decepcionante giro de los acontecimientos en el mercado, usted decide quedarse y perseverar. Te vuelves desanimado, todavía te preguntas si debes "luchar o huir". En este momento es cuando se hace más consciente de los riesgos y las recompensas de la inversión. Te sientes muy mal por haber perdido y no haber visto los resultados de tus expectativas, pero sigues teniendo esperanzas.

- Depresión Esto señala el comienzo de las secuelas de lo ocurrido en su inversión. Cada vez que piensas en lo sucedido, te culpas por haber sido estúpido. Sin embargo, es importante ver la situación como una lección. Tienes que analizar lo que salió mal y aprender de tus errores.

- Esperanza La situación general del mercado financiero empieza a mejorar. Te das cuenta de que hay un ciclo en la inversión que debes aprovechar. Y con esta constatación, empiezas a buscar nuevas oportunidades de inversión.

- Alivio Los mercados de inversión vuelven a ser positivos. Esto hace que te sientas más confiado en tu capacidad para invertir. Con sus recientes experiencias, se convence de que ahora está más preparado y es más sabio.

Y el ciclo vuelve a empezar.

¿Qué deben saber los principiantes sobre este ciclo emocional en la inversión?

Es importante recordar que las emociones pueden convertir a un inversor racional en un inversor irracional. No importa el tiempo que lleves en esto, no eres inmune a sus movimientos impredecibles que pueden traer estas respuestas emocionales de montaña rusa.

La diversificación de su inversión no le asegura los beneficios ni le protege contra las pérdidas en los mercados en declive. Cuando se produce un giro extraordinario o inesperado de los acontecimientos, incluso las carteras de inversión a largo plazo más desarrolladas y diversificadas corren peligro cuando se deja que las emociones dominen las decisiones.

Puede disminuir el impacto emocional cuando acepta el hecho de que la inversión tiene sus altibajos y el mercado está en constante movimiento. Conseguir un asesor financiero es una gran opción si quiere convertirse en un inversor más racional. Los asesores financieros pueden ayudarle a salir de la oscuridad, ayudándole a separar sus emociones de la realidad de la inversión y a evitar las siguientes trampas de comportamiento:

- Exceso de confianza Los inversores con exceso de confianza tienden a sobrevalorar su capacidad para elegir un gestor de inversiones o acciones. Les gusta negociar con frecuencia y se basan en su intuición o en información dada. Además, no diversifican adecuadamente su cartera de inversiones - Cronometrar el mercado Predecir el movimiento del mercado con exactitud es imposible. Sin embargo, las reglas de negociación establecidas no cambian. Es importante dominar estas reglas y evitar operar por emociones.

Intentar cronometrar el mercado acaba con la rentabilidad. Cronometrar el mercado con éxito es prácticamente difícil. Incluso los inversores más consolidados y experimentados no lo consiguen. Algunos lo llaman "suerte" cuando lo hacen, pero la mayoría de las veces sus intentos son infructuosos. Un estudio llamado "Determinants of Portfolio Performance" (Determinantes del rendimiento de la cartera), realizado por Gary

P. Brinson y otros, y publicado en la edición de 1986 de Financial Analyst Journal, demostró que aproximadamente "el 94% de las variaciones de la rentabilidad a lo largo del tiempo están determinadas por la decisión política de los inversores". Esto significa simplemente que los rendimientos de la cartera no se explican por la selección de valores ni por el momento en que se producen, sino por las decisiones de asignación de activos que toman los inversores.

- Enamorarse de la empresa Es fácil amar a la empresa que le está dando grandes rendimientos. Sin embargo, suele llevar a olvidar que compró las acciones principalmente como una inversión para ganar dinero. Usted no forma parte de la empresa. Eres simplemente un inversor que les ayuda a crecer y, a cambio, obtienes una parte por el dinero que has invertido. Es importante revisar siempre los fundamentos que le hicieron comprar las acciones de la empresa. Si ves algunos cambios recurrentes, considéralo como una señal roja y vende la acción.

- Aversión a las pérdidas A nadie le gusta perder el dinero que tanto le ha costado ganar. Pero en el ámbito de la inversión, perder forma parte del juego. O se gana o se pierde, dependiendo de la precaución con la que se invierta el dinero. Según los economistas conductuales, los seres humanos están predispuestos por naturaleza a la aversión a las pérdidas. Varios estudios atestiguan la impresión de que las personas que pierden sufren el doble en comparación con la magnitud de la alegría cuando ganan. Los efectos psicológicos de perder pueden inducir un comportamiento irracional que puede agravar las pérdidas.

Los novatos suelen cometer este error con mucha frecuencia. Cometen el error de pensar que las acciones van a rebotar a pesar de todas las evidencias evidentes de antemano. Esto sucede porque la pérdida conduce a otras respuestas emocionales extremas. La aversión a las pérdidas es una emoción muy extrema que puede desencadenar un sesgo de negatividad, como por ejemplo dar más importancia a las malas noticias que a las positivas. Se entra en pánico y se pierden los mercados alcistas, por temor a que también puedan invertirse en un futuro próximo.

Además, la psicología de la pérdida puede incluso provocar un fenómeno de volatilidad asimétrica directa o indirecta en los mercados de valores. Esto significa que la volatilidad del mercado de valores es mayor en los mercados en declive que en los alcistas.

- Falta de paciencia La mayoría de los inversores quieren hacerse ricos rápidamente. ¿Quién no lo haría? Pero si es usted un principiante en el mundo de la inversión y el comercio, es crucial que aprenda las cuerdas y tenga mucha paciencia. Esperar que su cartera rinda más de lo que está diseñado es una verdadera receta para el desastre financiero. Es importante mantener unas expectativas realistas y comprender el calendario de crecimiento y rendimiento de la cartera. Tenga en cuenta que un enfoque constante y lento suele producir mayores rendimientos. Los inversores pacientes se benefician de las decisiones irracionales de los inversores impacientes e impulsivos.

- Rotación excesiva de la inversión La rotación excesiva o el reposicionamiento de su inversión es otra forma segura de acabar con sus rendimientos. Los costes de transacción de entrar y salir de las posiciones y los tipos impositivos a corto plazo le comerán vivo, por no hablar de la oportunidad de obtener ganancias a largo plazo con otras inversiones sensatas.

- Esperar para desquitarse Si espera que una inversión perdedora recupere su base de coste original, no se da cuenta de que está perdiendo en dos sentidos. Esta actitud de "desquite" se conoce como el factor de "error cognitivo" en la inversión. Se pierde cuando se evita vender una inversión perdedora que puede seguir cayendo hasta que no tenga valor. Y se pierde el coste de oportunidad de utilizar mejor el dinero.

- No reequilibrar Una cartera de inversión con características de riesgo/rendimiento independientes del movimiento del mercado es un plan ideal. Significa comprar poco y vender mucho. El mercado tiene una gran variedad de valores para elegir, pero la mayoría de los inversores están limitados por la "racionalidad limitada". Esta teoría dice que los humanos toman las decisiones más satisfactorias basándose en un conocimiento limitado en lugar de la decisión más eficiente.

Los inversores profesionales pueden generar alfa o exceso de rentabilidad invirtiendo su dinero en pocas posiciones concentradas. Pero si usted es un principiante, intentar esto será una verdadera apuesta. Los inversores comunes deberían atenerse primero al principio de diversificación y asignar un mínimo del 5% al 10% a las carteras de valores individuales.

- No entender la inversión Los conocimientos limitados son imprudentes si quiere hacer crecer su dinero con éxito. No debe basar sus decisiones de inversión en la información que obtenga de varios sitios web, amigos, familiares, medios financieros y otras fuentes. Es necesario profundizar, investigar a fondo y evaluar las acciones, especialmente las que le proporcionarán rendimientos lucrativos a largo plazo. Si invierte en acciones individuales, asegúrese de estudiar el perfil de cada empresa antes de arriesgar su dinero.

- Perseguir el rendimiento anterior Este escenario es común en el entorno inversor. Hay muchos inversores individuales que ponen en peligro su seguridad financiera futura al abandonar una cartera bien diversificada. Un estudio realizado en la Universidad de California afirma que quienes basan sus decisiones de inversión en el rendimiento pasado son los que obtienen la peor calificación. Este sesgo comercial prevalece a pesar de la advertencia que figura en los productos financieros, que dice que "el rendimiento pasado no es indicativo de los resultados futuros".

- Dejarse llevar por las emociones Esto puede considerarse fácilmente como el mayor asesino de la rentabilidad de las inversiones. La idea de que la codicia y el miedo gobiernan el mercado de inversión es cierta. Cuando estas dos emociones toman el control, hay muchas decisiones irracionales de las que los inversores se arrepienten a largo plazo. Dejar que sus emociones gobiernen su comportamiento inversor le pondrá en una posición vulnerable y le costará caro.

Para protegerse de caer en cualquiera de estas trampas causadas por sus emociones, es vital desarrollar y comprometerse con un plan financiero bien definido y a largo plazo.

Psicología del mercado:

Miedo y codicia Los sentimientos predominantes de los principales actores del mercado financiero en un momento dado se conocen como psicología del mercado. Es el término utilizado por los analistas y los medios de comunicación para describir los movimientos inesperados del mercado financiero. Cuando los inversores pierden la confianza en un sector de la economía y deciden dejar de comprar acciones relacionadas, puede provocar una caída de los índices que siguen los precios generales del mercado. También afecta a los precios de las acciones individuales, independientemente del rendimiento de las empresas que están detrás de las acciones.

La codicia y el miedo son dos elementos poderosos que influyen directamente en las acciones comerciales de compradores y vendedores. Estas emociones pueden perjudicar profundamente las carteras de los inversores, el mercado de valores y la economía en su conjunto.

Avaricia El sueño de todo inversor es obtener beneficios y hacerse rico rápidamente. Por ello, los mercados alcistas se convierten en un escenario tentador. Sin embargo, esta mentalidad dificulta la elección de planes financieros más disciplinados y a largo plazo. Los inversores, especialmente los principiantes en el juego, tienden a seguir al rebaño.

Por ejemplo, durante el boom de Internet a finales de los 90, todo el mundo quería invertir en las "puntocom". Las acciones relacionadas con Internet tuvieron su nivel de fiebre. La gente se volvió codiciosa, alimentando una mayor demanda de acciones, elevando los precios excesivamente. Así que, cuando la burbuja de activos se calmó, los inversores sufrieron la depresión de los precios de las acciones entre 2000 y 2002.

Pero Warren Buffett no. Ignoró la tentadora burbuja de las puntocom y se llevó la última carcajada cuando se aferró a su enfoque probado en el tiempo llamado "inversión de valor". Este tipo de inversión implica comprar empresas que el mercado muestra como infravaloradas. También significa no seguir a la multitud excitada que acude a las modas especulativas.

Cuando el consejero delegado de Amazon, Jeff Bezos, le preguntó por qué otros inversores no copian su técnica de inversión, Buffet dijo que "porque parece que todo el mundo quiere hacerse rico rápidamente". Su afirmación describe acertadamente la codicia en el comportamiento inversor.

Los mercados alcistas ofrecen increíbles oportunidades para que los inversores obtengan beneficios en un corto periodo de tiempo. Los precios de las acciones están influidos por la ley de la oferta y la demanda. Cuando la demanda es mayor, los precios de las acciones siguen subiendo y dando más beneficios. Estos beneficios crecientes se vuelven muy tentadores y alimentan la codicia. A medida que se invierte más dinero, los precios suben más y más hasta que alcanzan niveles excesivos. En este punto, se crean burbujas de activos, lo que significa que los precios se convierten en un valor fundamental o intrínseco de los activos. Y al igual que las burbujas de activos del pasado, acabarán por estallar y estrellarse. Y cuando el mercado corrige, los inversores que pagan precios elevados por las acciones se enfrentan a enormes pérdidas.

Miedo El miedo es otra emoción fuerte que abruma a los inversores. Durante un periodo sostenido de pérdidas, los inversores tienden a vender colectivamente sus acciones para evitar más pérdidas. Los economistas llaman a este movimiento colectivo "comportamiento de rebaño". Venden rápidamente sus acciones de alto riesgo y compran activos más seguros, como fondos protegidos por el capital, valores del mercado monetario y fondos de valor estable. Estos activos de bajo riesgo son valores de baja rentabilidad, pero dan tranquilidad a los inversores que temen sufrir más pérdidas.

Los precios de las acciones pueden caer más rápido de lo que suben en los mercados alcistas. Es habitual ver cómo 2 ó 3 años de ganancias pueden quedar totalmente anulados en sólo 2 ó 3 meses de caída del mercado. Los graves desplomes del pasado demostraron que se desencadenaron por las siguientes razones

- alto apalancamiento a través de derivados cerca de los picos - llamadas de margen que se desencadenan - miedo La codicia es la emoción dominante en el mercado durante el auge y el miedo prevalece durante su caída. Los mercados en quiebra o mercados bajistas se desencadenan por diferentes factores, entre ellos la ralentización o la desaceleración de la economía. Y cuando los precios de los activos se sobrecalientan, el mercado acaba corrigiendo.

Psicología del mercado: Expectativas y circunstancias Las expectativas y las circunstancias son otros dos factores que contribuyen a la psicología general del mercado. Al igual que la codicia y el miedo, estos estados de ánimo pueden desencadenar los "ciclos de auge y caída" del mercado financiero. Pueden anular los fundamentos que impulsan el rendimiento de las acciones, empujando los precios en direcciones inesperadas.

Los inversores invierten en acciones que esperan que suban de precio y tengan un buen rendimiento. Esta expectativa de precio les sirve de base a la hora de comparar los resultados. La percepción de los inversores sobre los riesgos de la inversión y las expectativas de rentabilidad son dos variables importantes que pueden cambiar las condiciones o circunstancias del mercado. Los rendimientos esperados y los riesgos percibidos están muy influenciados por la esperanza, el miedo y la codicia.

Bitcoin y la psicología del mercado En el comercio de criptodivisas, la psicología del mercado juega un papel importante en su adopción por el mercado general y en cómo la gente utiliza estos activos digitales. Es crucial entender que el comercio de Bitcoin y otras criptodivisas tienen sus propios elementos únicos que son diferentes de las inversiones tradicionales.

Sin embargo, el consejo de inversión común que no debe olvidar es "nunca invierta basándose en las emociones". El repunte del precio de Bitcoin a finales de 2017 sirvió como un buen ejemplo de cómo la psicología del mercado puede dictar su precio. La increíble subida continuó durante todo el año y ha atraído a miles de nuevos jugadores. Muchos de ellos están impulsados por el FOMO o miedo a perderse algo, la codicia y el optimismo, factores fuertes que empujaron el precio excesivamente alto hasta que no lo hicieron. En la primera parte de 2018, los inversores que se incorporaron tarde sufrieron pérdidas significativas.

El Bitcoin ha realizado cuatro ciclos en ocho años y ha sobrevivido. Su historia de precios reveló cualidades interesantes.

- Muestra que las tendencias alcistas (mercados alcistas) tienden a permanecer más tiempo en comparación con la duración de las tendencias bajistas (mercados bajistas).

- Muestra la pérdida de valoración de Bitcoin durante sus tendencias bajistas históricas.

- Muestra las alucinantes ganancias exponenciales del bitcoin a lo largo de sus ciclos de mercado.

- 2011 a 2012 - 312.000% - 2012 a 2013 - 13.000% - 2013 - 2.200% - 2015 a 2017 - 11.000% El año 2020 fue un campo de pruebas para que el bitcoin resistiera la agitación financiera en un clima pandémico. Desde los 6.950,56 dólares de principios de 2020, el precio del bitcoin cayó hasta los 4.841,67 dólares en marzo, es decir, un descenso de aproximadamente el 30%. Este "bajón" atrajo a la Generación Z y a los Millenials, estableciendo la reputación de Bitcoin como activo de protección. En diciembre, esta criptodivisa terminó en 29.402,64 dólares, o un aumento interanual del 323%. Gran parte del crecimiento se debió al creciente interés de los inversores, así como a la compra de 1.500 millones de dólares en bitcoin por parte de Tesla.

Ciclos de mercado en bitcoin y otras criptodivisas En general, el ciclo de mercado se considera un advenimiento natural. Se trata de las etapas intermedias o el periodo entre máximos y mínimos de cualquier mercado. Es importante entender cómo funcionará para usted, especialmente el mercado de criptodivisas porque se mueve muy rápidamente.

El ciclo implica las siguientes fases:

1. Los inversores acumulan bitcoin durante el periodo de compra a la baja (cuando la ira y la depresión llevan a los propietarios a vender sus monedas).

2. El valor de Bitcoin sube, pero es inteligente HODL a través de la esperanza y la incredulidad. HODL es la jerga para mantener la moneda en lugar de venderla. Quien lo hace se llama Hodler.

3. Los inversores se entusiasman, empujando el precio a subir rápidamente. Muchos compradores FOMO comienzan a distribuir o vender sus Bitcoins. Es el momento del HODL o venta por creencia, emoción y euforia). El FOMO o miedo a perderse algo es un fenómeno habitual en el mundo del trading.

4. Durante esta fase, el bitcoin se distribuye alto (la acción del precio alcanza su punto máximo hasta la complacencia, vender es una gran opción). 5. El bitcoin baja (la ansiedad y la negación prevalecen durante esta fase.) Vende si aún no lo has hecho o SHORT SELLl (pedir prestado y vender a los precios actuales) o y juega hasta que SE DESPLACE.

6. Los inversores están tristes y en pánico (la ansiedad por el pánico lleva a la venta en corto). El Bitcoin sigue bajando mientras la gente entra en pánico y vende (la jugada SALE.) 8. El Bitcoin cae significativamente en un patrón desordenado que hace caer al resto del mercado. Esta es la fase de Acumulación (período de comercio y acumulación) donde la ira y la depresión son altas.

9. Repetir.

Como se ha mostrado anteriormente, el ciclo emocional del mercado del bitcoin tiene estos elementos: acumulación-enojo-distribución-miedo-y repetición. Si estudias este ciclo y evitas que las emociones te desborden, podrás acertar. Puedes comprar en la parte inferior (acumular), montarte en la ola ascendente, vender durante la fase de distribución y ponerte en corto o salir del mercado en la fase descendente. Independientemente de que se trate de un ciclo de un año, de un ciclo de 10 años o de un ciclo de 100 años, el concepto sigue siendo básicamente el mismo.

El concepto muestra que la mecánica del mercado y las emociones humanas pueden crear un ciclo de burbuja y caída o un ciclo de mercado. Este patrón natural en forma de onda se produce a medida que los inversores especulan y reaccionan a los patrones de los gráficos y a los estados emocionales asociados, lo que resulta a escala masiva.

Romper el ciclo de la inversión emocional Utilizar la psicología del mercado en su beneficio le ayudará a romper el ciclo de la inversión emocional. Le ayudará a entrar y salir eficazmente del mercado financiero. Debe recordar que, a veces, la mejor oportunidad se presenta cuando el mercado está en su punto más bajo. Del mismo modo, cuando el sentimiento del mercado es positivo, aparece el mayor riesgo financiero.

Es crucial recordar que el mercado financiero está en constante cambio. Las inversiones entran y salen del mercado. Si no permite que sus emociones o los acontecimientos extraordinarios del mercado nublen su juicio, estará en el camino de romper el ciclo de la inversión emocional.

Consejos prácticos para principiantes 1- Tenga un plan de acción Al igual que cualquiera de sus planes de vida, debe ser proactivo a la hora de determinar su ciclo de vida de inversión. Debe tener objetivos claros, estrategias y un calendario para llegar a ellos. Un asesor financiero de confianza y con experiencia puede ayudarle si necesita orientación profesional.

Es importante recordar siempre por qué quiere invertir su dinero. Su mayor "por qué" le inspirará a ahorrar más y a determinar cómo asignar su dinero. Una estrategia de inversión consistente y a largo plazo es lo que construye la verdadera riqueza. Sin embargo, está bien arriesgarse con planes de inversión a corto plazo, pero esté preparado para perder su dinero cuando las cosas se pongan feas. En el mejor de los casos, ganará más que sus expectativas.

2- Ponga su plan de inversión en automático Controle y revise siempre el rendimiento de sus inversiones. Es motivador ver cómo crece su inversión y sus ingresos. Te ayuda a determinar si vas a añadir más o dejar que se mantenga igual durante un tiempo.

3- Reserve "dinero para inversiones divertidas" Este dinero divertido es para comprar planes de inversión de "alto riesgo y alto rendimiento". Pero nunca toque el dinero de su jubilación. Asigne el dinero que pueda permitirse perder. La buena regla general es no más del 5% del total de su cartera de inversiones. Una vez fuera, prepárese para perder el 100% o para disfrutar de una gran rentabilidad.

Conclusión clave Los seres humanos están cableados neurológicamente para pensar, sentir y crear utilizando las emociones. Las decisiones que tomamos cada día, la interpretación de nuestras experiencias y las elecciones que hacemos están influenciadas principalmente por las emociones. Del mismo modo, los inversores muestran algunos sesgos de comportamiento que crean ciclos emocionales del inversor y ciclos de mercado. Hay muchos testimonios de que las emociones humanas, especialmente la avaricia y el miedo, llevaron al mercado de inversión a estrellarse.

Las personas pueden ser previsiblemente irracionales. Del mismo modo, los mercados siempre serán irracionales. Estos son los hechos constatados. Los inversores atraviesan ciclos recurrentes que pueden aportar enormes beneficios o mayores pérdidas. Como principiante, el camino hacia el éxito de la inversión es desafiante y emocionante. Aprender los trucos del oficio es un trabajo en progreso. Lo mejor es desarrollar un plan de inversión sistemático y convertirlo en su guía mientras construye su cartera.

5

Cómo empezar: Operar con Bitcoin

El comercio de bitcoins implica tradicionalmente la compra de bitcoins a través de un intercambio y la venta de los mismos para obtener beneficios. Se trata de especular con los movimientos del precio de la criptomoneda, esperando que suba con el tiempo. Los operadores utilizan derivados para especular con la subida y la bajada de los precios del bitcoin, aprovechando su volatilidad.

¿Por qué debería operar con Bitcoin?

Para quienes comercian e invierten en bitcoin, entender su naturaleza y su funcionamiento es una gran ventaja. Como medio de comercio, el bitcoin se ha vuelto muy popular. Las razones detrás de esto incluyen:

1 - El comercio es 24/7 A diferencia de los mercados tradicionales como las materias primas y las acciones, el comercio de bitcoin está abierto 24 horas, 7 días a la semana, 365 días al año. Puede comprar o vender cuando quiera. Todas las bolsas están basadas en la web, por lo que puede comprar o vender un activo en cualquier lugar del mundo. Puede negociar su bitcoin las 24 horas del día.

2 - Alta volatilidad La volatilidad o la capacidad del precio del bitcoin de oscilar rápidamente hacia arriba y hacia abajo es una de las razones por las que a los operadores les gusta esta criptodivisa. Puede ayudarte a obtener un buen beneficio si sabes anticiparte a los movimientos del

mercado. El inconveniente puede ser que se produzcan pérdidas importantes.

3 - Bitcoin es global En la actualidad, bitcoin está operando en más del 90% de los países del mundo. Esto significa que usted puede invertir o comerciar dondequiera que se encuentre. También está ganando reconocimiento en varias partes del globo como medio de intercambio. Y como ahora se considera una moneda global, el bitcoin no se ve afectado por las situaciones financieras o la estabilidad de ningún país.

4 - Panorama no regulado Esta falta de regulación hace que el mercado de bitcoin sea fácil de iniciar. Se puede operar o invertir inmediatamente sin el habitual y largo proceso de verificación.

¿Qué deben saber los principiantes sobre el comercio de Bitcoin?
A diferencia de la inversión en bitcoin, en la que se mantiene el bitcoin a largo plazo, el comercio de bitcoin está más orientado a la acción, ya que se trata de predecir los movimientos del precio utilizando los gráficos y los derivados de la industria en su conjunto. Para ayudarte en tu viaje de formación en bitcoin, aquí tienes la lista de formas de entender o "leer" el mercado y sus tendencias, crear un plan de trading, familiarizarte con los términos básicos de bitcoin y ejecutar el plan en los intercambios.

Inversores frente a operadores Los inversores son personas que invierten en bitcoin. Creen en la ideología, la tecnología y el equipo que hay detrás de esta criptomoneda. Los inversores en bitcoin tienden a HODL o a mantener la moneda a largo plazo, creyendo que su precio subirá finalmente.

Los traders son personas que operan con bitcoin comprando y vendiendo a corto plazo, siempre que las perspectivas de obtener beneficios considerables sean viables. A diferencia de los inversores en bitcoin, los comerciantes ven el bitcoin como un instrumento para obtener beneficios. La mayoría de las veces, ni siquiera intentan estudiar la ideología o la tecnología que hay detrás.

Los comerciantes de Bitcoin tienen una cosa en mente: obtener beneficios. Sin embargo, la forma de lograr este objetivo común varía de un comerciante a otro. Aquí están los 3 tipos de mercados de criptomonedas:

. . .

- Comerciantes de día. Son personas que intentan obtener beneficios ejecutando varias operaciones a lo largo del día. Los operadores de día se quedan mirando sus pantallas la mayor parte del día, esperando movimientos cortos que pueden durar unos segundos, minutos u horas.
- Operadores de swing. Son operadores que intentan ver el panorama general del mercado. Los operadores oscilantes mantienen sus activos durante semanas o meses mientras siguen de cerca el movimiento de los precios. Una vez que observan una ligera oscilación, operan y permanecen allí hasta que el movimiento se detiene, saliendo con ganancias en los bolsillos.
- Operadores de scalping. Estos operadores operan todo el tiempo, dedicando su tiempo a hacer docenas y hasta cientos de movimientos cada día. Los Scalp traders trabajan vendiendo los activos lo más rápido posible bloqueando los pequeños beneficios que generan.

Método de análisis: Fundamental vs Técnico Como en cualquier tipo de comercio, para tener éxito en el comercio de bitcoin, es necesario monitorear el movimiento del precio. Aunque nadie puede predecir sus máximos y mínimos, sí que puedes identificar ciertos patrones, reglas y métodos que pueden ayudarte a obtener beneficios a largo plazo.

Recuerde que no hay forma de predecir el precio de mercado de este activo. Sin embargo, puede desarrollar su propio conjunto de fórmulas, predicciones y reglas para operar de forma rentable. De este modo, no tendrá miedo de operar incluso en las condiciones más volátiles. Lo más importante es recordar que hay que operar de manera que todo el balance de cierre se mantenga en el lado positivo.

Existen dos metodologías principales para analizar el bitcoin: 1. Análisis fundamental El análisis fundamental examina el valor del bitcoin como tecnología y las fuerzas externas relevantes que determinan el precio. Esta metodología pretende predecir los precios observando el panorama general. Implica la evaluación de la industria del Bitcoin, los desarrollos técnicos del bitcoin, las noticias actuales sobre la moneda, las regulaciones en todo el mundo y otros asuntos que pueden afectar al éxito del comercio de esta criptodivisa. También implica monitorear el volumen de operaciones y las tendencias en el movimiento de los precios y establecer el patrón común en cada escenario posible.

1. El análisis técnico trata de predecir el precio mediante la identificación de patrones y tendencias, así como las estadísticas del mercado (incluyendo los volúmenes de negociación y los movimientos de precios anteriores). Cada movimiento puede contar una historia que puede ayudarle a hacer su propia predicción. Por lo tanto, independientemente de lo que ocurra en todo el mundo, este enfoque que utiliza datos verificables le ayudará a predecir el precio del activo.

Entonces, ¿cuál es mejor? La respuesta depende de cómo el resultado de su análisis le haga obtener beneficios. Sin embargo, lo cierto es que no hay ninguna garantía segura en el trading. Tal vez, una sana mezcla de uso de ambas metodologías pueda ofrecerle los resultados que desea.

¿Cómo leer los gráficos de precios?

Velas japonesas Las velas japonesas son un tipo de gráfico de precios utilizado en el comercio del arroz durante los años 1600. Se basa en el antiguo método de análisis técnico y utiliza velas verdes y rojas. Cada vela representa la apertura, el cierre, el precio más bajo y el más alto de la criptomoneda en un período de tiempo determinado. Debido a estos elementos, las velas japonesas también se llaman gráficos OHLC (Open, High, Low, Close). Cuando la vela es ROJA, significa que el precio de apertura es más alto que el precio de cierre, haciendo que el precio caiga. Y cuando la vela es VERDE, indica que el precio de apertura es inferior al de cierre. Esto significa que el precio del Bitcoin sube durante el periodo de tiempo.

También es importante recordar que en un mercado bajista, la mayoría de las velas del gráfico serán de color ROJO. Durante el mercado alcista, la mayoría de las velas serán VERDES.

Mercados alcistas y bajistas Estos términos de mercado se utilizan para describir el movimiento ascendente o descendente del gráfico. Los nombres de los animales sirven como metáforas para explicar el movimiento del mercado comercial. Cuando la tendencia es alcista y la economía está en alza, se trata de un mercado alcista. Cuando la tendencia es a la baja y el valor de las acciones disminuye debido a una economía lenta, se trata de un mercado bajista.

Nivel de resistencia y soporte El nivel de resistencia se refiere al "techo virtual" o al pico del precio del bitcoin. Por ejemplo, sube a un máximo histórico de 20.000 dólares y se mantiene en ese precio durante un tiempo sin superarlo. Ese es el punto de resistencia o el nivel de precio alto que el propio bitcoin intenta superar. El nivel de resistencia es el resultado de muchas órdenes de venta que se están ejecutando en el punto de precio. Las actividades optimistas protegen al precio de romperlo y mantener su impulso.

El nivel de soporte es la imagen del espejo del nivel de resistencia. Es el "suelo" que mantiene el precio del bitcoin, impidiendo que baje más cuando el precio cae repentinamente. El nivel de soporte suele ir acompañado de muchas órdenes de compra al precio del nivel. Esta alta demanda en el nivel de soporte amortigua el precio del bitcoin durante la tendencia bajista.

Esencialmente, cuanto más frecuente sea la imposibilidad de que el precio supere el nivel de resistencia o de soporte, más fuertes se vuelven estos niveles. Curiosamente, la psicología influye en los niveles de soporte y resistencia. Hasta 2017, los comerciantes e inversores dudan en pagar 1.000 dólares por bitcoin. Esto hizo que el nivel de resistencia fuerte fuera de 1.000 dólares. Pero a medida que pasa el tiempo y los jugadores se vuelven más audaces, el nivel se rompió y creó un nuevo nivel psicológico de resistencia que es de 10.000 dólares.

Y si te estás preguntando por qué los niveles de resistencia y soporte se establecen en torno a números redondos, (1.000 dólares, 10.000 dólares, 15.000 dólares, 20.000 dólares, y así sucesivamente) la razón es que una gran cantidad de principiantes y operadores inexpertos compran o venden órdenes de bitcoin en puntos de precios redondos. Técnicamente, esta ejecución los convierte en fuertes barreras de precios.

Aprender los términos del comercio de bitcoin Para ayudarte a navegar mejor por el comercio de bitcoin, aquí tienes una lista de términos y estadísticas que debes entender.

- Mercado Es el lugar donde compradores y vendedores se comunican entre sí para completar una operación.

- Plataformas de comercio Son sitios en línea que hacen coincidir automáticamente a los vendedores y a los compradores.

- Corredores Venden bitcoin directamente por un precio más alto.

- Mercado o mercado instantáneo Es un tipo de orden que se puede establecer en la plataforma de negociación. Tienes que establecer la cantidad de bitcoin que quieres comprar o vender y luego ordenar el intercambio para la ejecución instantánea. Una vez hecho esto, la plataforma de negociación pondrá en contacto a compradores y vendedores para satisfacer la orden que usted ha creado. Lo más probable es que su orden sea igualada por múltiples operadores que venden o compran bitcoin a diferentes precios.

- Volumen El volumen se refiere al número de bitcoins negociados en un marco de tiempo determinado. Este término es utilizado por los operadores para identificar tendencias significativas. Estas tendencias suelen ir acompañadas de grandes volúmenes de negociación. Por el contrario, las tendencias débiles van acompañadas de bajos volúmenes de negociación.

- Libro de órdenes Es una lista de órdenes de compra y de venta. Puede ver el libro de órdenes en las plataformas de negociación. La orden de compra se denomina oferta. La gente puja por los precios para adquirir bitcoin. La orden de venta se denomina "ask". Muestra el precio de venta que solicitan los vendedores.

- Orden de límite Permite a los compradores y vendedores negociar bitcoin a precios específicos. Significa que su orden puede no cumplirse por completo si no hay suficientes vendedores o compradores para cumplir con los requisitos establecidos.

- Orden de Stop-Loss Permite establecer un precio específico si quieres vender tu bitcoin en el futuro o cuando observes que el precio vigente baja drásticamente. Este tipo de orden le ayuda a minimizar sus pérdidas. Técnicamente, una orden de stop-loss actúa como una orden de mercado que permite que el mercado de operaciones comience a vender tu bitcoin una vez que se alcanza el precio de stop.

- Comisiones de Maker y Taker En los mercados o plataformas de negociación se producen intercambios. Si creas una nueva orden que no es igualada por los vendedores o compradores existentes, te conviertes en un creador de mercado y tienes tarifas más bajas.

Usted se convierte en un tomador de mercado cuando sus órdenes se cumplen al instante. Los tomadores eliminan un negocio del libro de órdenes de la bolsa y suelen tener comisiones más altas en comparación con los creadores.

Factores que mueven el precio del bitcoin Mientras se prepara para su eventual viaje en el comercio de bitcoin, ayuda a familiarizarse con los factores clave que impactan en el movimiento del precio.

- Oferta. La oferta máxima de bitcoin es de 21 millones y se espera que se alcance en 2140. Esta oferta finita de bitcoin significa que, a medida que aumente la demanda en los próximos años, el precio de esta criptodivisa aumentará significativamente.

- Integración. El perfil público de Bitcoin depende de su integración en los marcos bancarios y en los nuevos sistemas de pago. Una vez que todo se lleve a cabo con éxito, los efectos positivos aumentarán la demanda de bitcoin.

- Eventos clave. Entre ellos se encuentran los anuncios macroeconómicos de bitcoin, los cambios en la regulación, los fallos de seguridad y los acuerdos para acelerar la red. Cualquiera de estas actividades cruciales puede hacer subir el precio.

- La mala prensa. Las noticias de última hora en las plataformas de los medios de comunicación principales y sociales relativas al valor, la seguridad y la longevidad de bitcoin pueden crear efectos negativos en el precio de mercado general de la moneda.

Empezar a operar con bitcoin Ahora que ya sabes más sobre las operaciones con bitcoin y sus principios básicos, ¿estás preparado para dar el paso?

Lo primero es asegurarse de que dispone de una conexión a Internet segura y rápida para poder operar sin problemas. Ahora, los siguientes pasos vitales:

Paso 1: Identificar el intercambio de Bitcoin que le dará la mejor experiencia de compra o venta.

La compra de bitcoin a través del intercambio es para los comerciantes que practican una estrategia de comprar y mantener. Le da la propiedad directa de bitcoin. La comodidad de la retirada y el almacenamiento hace que los intercambios sean populares entre los principiantes y los inversores o comerciantes profesionales de bitcoin.

Sin embargo, no todos los intercambios son iguales y puedes encontrarte con alguno de los siguientes problemas.

- Falta de infraestructura y regulación adecuadas para responder rápidamente a las solicitudes de asistencia de los usuarios - Falta de fiabilidad de los motores y servidores de cotejo, lo que da lugar a una menor precisión en la ejecución o a la suspensión del mercado - Imposición de comisiones elevadas - Restricciones en la financiación y la retirada de fondos En este momento, no existe una plataforma oficial de negociación de bitcoins. Es necesario encontrar el mercado que pueda ofrecer la mayor cantidad de pares de negociación, órdenes diversas y apalancamiento. Es importante comprobar la reputación de la empresa o si presta servicios en su país.

- Utilice CoinGecko o CoinMarketCap para revisar los volúmenes de negociación de las plataformas.
- Lea las noticias, las actualizaciones y los comentarios de los operadores sobre la empresa.
- Navegue por Quora, BitcoinTalk, Reddit y otros foros para obtener más información sobre su bolsa preferida.
- Compruebe las normas y protocolos de seguridad, los métodos de depósito y las comisiones por transacción.

Otros elementos cruciales que hay que buscar son

Normas y protocolos de seguridad. Algunos intercambios de bitcoins han sufrido fallos de seguridad. Si su bolsa preferida es una de ellas, compruebe qué medidas han tomado para garantizar una mayor seguridad y protección. Entre las cosas que debes revisar están el cifrado de los datos del usuario, las políticas de privacidad, el certificado SSL y la autenticación de dos factores.

Métodos de pago. Averigüe si la bolsa ofrece métodos de pago compatibles con su país. No querrá viajar kilómetros para acceder a un concesionario o agente para acceder a los servicios de pago. Esto puede acabar consumiendo sus márgenes de beneficio potenciales, así como su tiempo y recursos.

Comisiones de transacción. Algunas bolsas ofrecen transacciones de depósito y retirada gratuitas. Otras cobran estas transacciones y ofrecen operaciones gratuitas. Seleccione la bolsa que le ofrezca los mejores beneficios.

Interfaz de usuario. La plataforma debe ser fácil de usar y de navegar. Evite las plataformas que le den muchos problemas de interfaz y que afecten a sus operaciones.

Hay dos tipos de bolsa:

1. Fiat to crypto - El mercado digital permite comprar o vender bitcoin y otros tipos de criptodivisas a cambio de moneda fiduciaria. Es el intercambio ideal para los principiantes.

1. Cripto a cripto - Las transacciones requieren el intercambio de una moneda por otra. Es el mejor para los operadores de bitcoin más experimentados.

Estos son los mejores exchanges que puedes consultar:

Coinbase Es una de las bolsas de criptomonedas mejor valoradas del mundo. Sus mercados cuentan con excelentes medidas de seguridad. Sólo comercian con monedas seleccionadas, incluyendo bitcoin y bitcoin cash para garantizar los estándares de calidad. En la actualidad, Coinbase cuenta con más de 43 millones de usuarios verificados, 115.000 socios del ecosistema en más de 100 países, 7.000 instituciones y ha negociado monedas por valor de más de 455.000 millones de dólares. Tiene el récord de ser la primera bolsa regulada que empezó a operar con Bitcoin, que es el activo de criptodivisas que constituye la mayor parte de sus operaciones diarias.

Cex.io Una de las plataformas pioneras y más antiguas, Cex.io fue creada en 2013. Está operando en el 99% de los países de todo el mundo, incluyendo 44 estados en los Estados Unidos. Cex.io está debidamente registrada en FINCEN (Financial Crimes Enforcement Network), una oficina dependiente del Departamento del Tesoro de los Estados Unidos. También opera bajo las políticas Anti-Lavado de Dinero (AML) y los estándares de Conozca a sus Clientes (KYC), haciendo de Cex.io uno de los espacios de comercio de criptodivisas más confiables y seguros.

Binance Otra popular plataforma de comercio de criptomonedas es Binance. Se originó en China, pero con el tiempo trasladó su sede a Malta, conocida por ser uno de los países más respetuosos con las criptomonedas. A pesar de ser nuevos en la industria, ya que sólo comienzan a operar en 2017, las plataformas de Binance son capaces de proporcionar un excelente soporte al cliente, seguridad y estándares de negociación. En el contexto del comercio, esta plataforma es consistente en su desempeño como uno de los 5 mejores intercambios comerciales del mundo.

Kriptomat Kriptomat ha sido creada por expertos en criptografía eslovenos en Estonia, uno de los reguladores tecnológicos progresistas más conocidos del mundo. Esta plataforma extremadamente fácil de usar opera bajo las licencias emitidas por la Unidad de Inteligencia Financiera, permitiendo el intercambio de moneda virtual contra una moneda fiat y un servicio de cartera de moneda virtual. Este cumplimiento normativo y la estricta aplicación de los procedimientos AML y KYC hacen de Kriptomat una plataforma de gran confianza en los mercados de criptomonedas. Su servicio está disponible en 20 idiomas y permite intercambiar Eupos por 17 criptodivisas y tokens.

Kraken Esta bolsa con sede en Europa está operando a nivel mundial desde hace cinco años. Kraken ofrece una amplia gama de pares de intercambio de moneda fiduciaria a bitcoin, así como pares de intercambio de cripto a cripto. En cuanto a los estándares de seguridad, se jacta de utilizar los controles de seguridad de más alta tecnología, como el cifrado PGP/GPG y la autenticación de dos factores.

Paso 2: Regístrese y registre su cuenta de comercio con un intercambio de bitcoin.

Proporcione su información personal, como la fecha de nacimiento, la prueba de ubicación y el número de contacto para el proceso de verificación requerido. La creación de una cuenta en la mayoría de las bolsas es gratuita. Sin embargo, el proceso de verificación puede variar dependiendo de los requisitos de la bolsa de criptomonedas. Coinbase y BitMEX, por ejemplo, exigen la comprobación de "Conozca a su cliente" para determinadas operaciones con criptomonedas. Para este requisito, debe preparar su pasaporte u otras tarjetas de identificación oficiales.

Una vez verificado, asegúrese de utilizar una contraseña fuerte y activar el 2FA (autenticación de dos factores) para reducir el riesgo de hackeo o violación de la seguridad Paso 3: Depositar los fondos de la bolsa y considerar su opción de pago preferida.

Su bolsa puede requerirle que convierta su moneda fiduciaria en criptodivisa si sólo comercian con activos digitales. Otras bolsas de criptomonedas permiten a los operadores utilizar una cuenta bancaria y una tarjeta de débito o crédito para comprar Bitcoin. También hay intercambios globales que permiten transacciones directas a través de servicios peer-topeer o a través de soluciones de pago de terceros.

Aunque el bitcoin es ahora reconocido por muchas instituciones financieras como un pago válido para las transacciones, algunos bancos pueden cuestionar o detener los depósitos a los intercambios de criptomonedas. Lo mejor es comprobar si sus bancos permiten esta opción.

Paso 4: Configure su monedero electrónico.

Antes de comprar su primer bitcoin, necesita un intercambio (el lugar para comprar Bitcoin) y un monedero digital (el lugar para almacenar Bitcoin.) Su monedero bitcoin tiene una dirección pública, donde se enviarán las monedas, y una clave de usuario que utiliza exclusivamente para desbloquear sus fondos y transferir bitcoins a otros. Es un componente imprescindible en la inversión y el comercio de bitcoins, ya que le permite mantener sus activos fuera de un intercambio.

Paso 5: Haz tu pedido y compra tu bitcoin.

A la hora de colocar las órdenes, algunas bolsas de criptomonedas ofrecen diferentes tipos de órdenes como stop-limit, take-profit limit o stop-loss. También hay bolsas que te permiten establecer compras recurrentes para un mes, una semana o un día.

Decida cuánto fondo quiere invertir. No olvide que el comercio de criptomonedas es de alto riesgo y no querrá perder una gran parte de su activo monetario. Lo mejor es empezar despacio y aprender cómo se mueve el mercado de las operaciones. Aunque hacer cálculos precisos es casi imposible, puedes aumentar tu disposición al riesgo y tener más confianza a medida que avanzas en el trading.

Puedes comprar 10 bitcoins, 1 bitcoin o una fracción de un bitcoin. Comprar pequeñas fracciones del entero es posible porque el bitcoin es divisible con ocho decimales. Así, por ejemplo, si el precio del bitcoin es de 19.000 dólares y quieres comprar 100 dólares, obtendrás alrededor de 0,0053 de un bitcoin.

Paso 6: Empezar a operar.

Una vez que tengas fondos en tu cuenta de trading, puedes empezar a operar. Tienes que identificar los pares de negociación como BTC/USD o BTC/ETH y ya está todo listo.

Empareja bitcoin para empezar a comprar o vender.

Haz clic en el icono "TRADE" para ver el movimiento del par seleccionado en la ventana.

Para comprar, pulsa la pestaña de la derecha.

Para vender, pulsa la del lado izquierdo.

¿Cómo encontrar un buen broker?

Otra opción para operar con bitcoins es utilizar un broker. Un broker es una empresa o un individuo que actúa como intermediario financiero y celebra un contrato con personas que quieren especular con los precios de las criptomonedas.

Los corredores ofrecen productos derivados como:

- Crypto CFDs o Contratos por Diferencia. Estos derivados permiten a los operadores de bitcoin especular con el movimiento del precio del activo. Usted puede cerrar el contrato cuando quiera, pero sujeto al requisito de margen de su corredor que determina el rango de las operaciones.

- Futuros de criptomonedas. En esta opción, usted celebra un acuerdo con un corredor elegido para comprar o vender criptoactivos a un precio determinado cuando el contrato expire en una fecha futura.

- Cripto opciones. Es casi similar a los criptofuturos, pero en lugar de tener la obligación de comprar o vender el contrato, este derivado le permite retirarse del contrato. Sin embargo, la retirada implicará la pérdida de la prima de las opciones o el depósito que se paga a propósito para esta opción.

Estas son algunas de las ventajas de utilizar un corredor:

- Los usuarios pueden comprar o vender bitcoin a los precios fijados por el corredor.

- Los usuarios pueden cambiar directamente su moneda fiduciaria por Bitcoin, Litecoin, Ethereum y otras criptodivisas.

- Los usuarios pueden comprar fácilmente una pequeña cantidad de cripto a los corredores.

- Los brokers ofrecen una amplia gama de servicios, que incluyen la tenencia de criptomonedas para los usuarios.

Factores a tener en cuenta a la hora de elegir un broker Elegir el broker adecuado puede ser un reto y llevar mucho tiempo. Para guiarte en el proceso y hacer la selección más rápida, aquí hay una lista de factores vitales que debes considerar antes de tomar una decisión.

Credenciales No todos los corredores son iguales cuando se trata de experiencia, fiabilidad y credibilidad. Los corredores experimentados y profesionales tienen un profundo conocimiento del comercio de criptodivisas. Poseen las credenciales adecuadas, como las licencias de los organismos reguladores del sector. Para evitar a los estafadores, compruebe siempre si su elección es un corredor de bitcoin regulado. Puede verificar fácilmente el estado del corredor comprobando su nombre legal y el país en los sitios web de los reguladores.

Ubicación Es importante averiguar si su corredor preferido opera en su localidad. Incluso si es el mejor del sector, pero la legislación de su región o país restringe el comercio de criptodivisas, será un problema.

Sólido respaldo financiero Un buen corredor viene con un sólido respaldo financiero o una enorme base de capital que le da una garantía de que su inversión está a salvo contra la quiebra repentina. No querrá quedarse sin nada cuando llegue la crisis y su corredor no tenga forma de devolverle su dinero.

Plataforma de negociación fácil de usar El comercio de criptomonedas requiere una plataforma sensible y fácil de navegar. Debe tener funciones avanzadas que permitan a los operadores gestionar y supervisar sus cuentas, realizar análisis técnicos o acceder a actualizaciones sobre los mercados de criptomonedas.

Los corredores deben proporcionar una plataforma en línea bien diseñada que ofrezca diferentes opciones para los operadores, especialmente los principiantes. Debe tener todas las características esenciales que sus clientes y los clientes potenciales de la reciente ir y venir de cripto comercio.

Proceso de registro ¿Sabe que puede saber si un corredor en particular es bueno o no simplemente mirando el proceso de registro?

Según los escritores experimentados, esta característica dice mucho sobre el corredor. El signo revelador de que el corredor es una estafa es cuando requiere que los operadores depositen una gran cantidad de dinero al firmar. Si se encuentra con este tipo de corredor, lo mejor es huir. Un bróker profesional y de buena reputación aceptará poco o ningún depósito o comisión de los clientes potenciales.

Además, es necesario comprobar si el proceso de registro es seguro. Para comprobarlo, mira en la parte superior izquierda de la barra de búsqueda y averigua si hay un certificado SSL que garantice la seguridad. El certificado garantiza que tu información está segura contra los hackers.

Tasas y comisiones Dado que las tasas son el principal gasto durante la negociación, es necesario revisar las tasas y comisiones específicas que le cobrará su corredor. Si tiene dudas, asegúrese de preguntar al corredor el tipo de tasas que pagará por cada transacción. Compruebe si las tarifas de negociación se ajustan a las tarifas medias del sector.

Servicio de atención al cliente Contar con alguien que responda a sus preguntas o resuelva sus problemas en cualquier momento del día o de la noche es importante. Busque un bróker con un equipo de asistencia y un personal de atención al cliente fiables que puedan resolver sus dudas de forma inmediata, sea cual sea su zona horaria.

Soporte técnico Otro aspecto importante que debe tener en cuenta a la hora de elegir su corredor es el soporte técnico. Debe contar con un equipo técnico competente que le ayude con los problemas que necesiten una intervención o solución profesional. El equipo de soporte técnico está compuesto por personas con amplios conocimientos y experiencia en la industria de las criptomonedas. Ellos saben cómo funcionan las cosas, todos los entresijos y las soluciones inmediatas para cualquier tipo de problemas técnicos.

Demo trading Las operaciones con criptomonedas son técnicamente complejas para los principiantes, de ahí la importancia de las operaciones de demostración. Este material ayudará a entender los escenarios comunes en el comercio de bitcoin. Si el corredor tiene esta característica en su plataforma en línea, utilícela para aprender muchas cosas y saber cómo es el comercio real de criptomonedas.

Sistema de seguridad de última generación Esto lo tapa todo porque significa la seguridad y protección de tus activos virtuales. Es importante que tu broker opere cumpliendo con las medidas regulatorias vigentes para los proveedores de servicios financieros.

Comodidad El broker debe ofrecer características y servicios que hagan que su experiencia de trading sea cómoda. En el contexto de la comodidad, significa lo siguiente

- Fácil acceso. La plataforma de negociación le permite operar mientras se desplaza o comprobar las actualizaciones recientes de sus activos digitales. Asegúrese de que puede acceder a ella 24 horas al día, 7 días a la semana, utilizando su aplicación móvil o su ordenador de sobremesa.

- Compatibilidad con los dispositivos. La plataforma debe ser compatible con su teléfono móvil y otros dispositivos, permitiéndole revisar las actividades en cualquier lugar donde se encuentre.

- Lenguaje fácil de entender. El bróker debe utilizar términos fáciles de entender o dar significado a la jerga del trading de criptomonedas.

Longevidad Si el broker lleva ya mucho tiempo operando, es un indicio de que lo está haciendo bien y de que los traders confían en él. Sin embargo, esto no significa que los criptocorredores que acaban de empezar no sean fiables. Pero estar en la industria durante largos años es una excelente señal.

¿Cómo detectar a los malos brokers?

A medida que el bitcoin se hace más popular y corriente, los estafadores también están haciendo su agosto en todo Internet. De ahí la importancia de ser inteligente antes de elegir un broker que te ayude a obtener beneficios. Si eliges el incorrecto, perderás tu dinero.

Las estafas de criptografía suelen tener rasgos y patrones similares, por lo que sería fácil descifrarlas. Con los conocimientos adecuados, puede detectar a los malos corredores.

1 - Invertir en fuertes campañas de marketing y ofertas promocionales Mientras que los brokers de criptografía profesionales y legítimos utilizan anuncios, creen en crecer de forma natural. Los malos corredores tienden a gastar dinero en fuertes campañas de marketing y promoción de sus servicios para atraer a la gente. Tienen enormes banners en los sitios web, pagan por anuncios de página completa en los periódicos, o pagan a un

enorme grupo de bloggers para promover su negocio. Todo ello está pensado para llegar a los inversores o comerciantes en el menor tiempo posible y conseguir dinero.

2 - Promesas de rendimientos garantizados o muy elevados Los malos corredores tientan a los operadores a invertir en ellos ofreciéndoles falsas promesas de rendimientos y paquetes de inversión inusuales. Por ejemplo, obtener un 1.000% de beneficios en 18 meses o menos. Aunque es sorprendente, pregúntese si es realista. Aunque la volatilidad de Bitcoin lo hace posible, hay factores que pueden afectar al movimiento del mercado. Si no pueden ofrecer una estrategia sólida e información de apoyo sobre cómo esta ICO u oferta inicial de monedas aumentará rápidamente, aléjese de ellos.

3 -Miembros del equipo vagos o sin nombre Sus sitios web no muestran los perfiles de los propietarios o desarrolladores de la empresa. O tal vez, algunos de los nombres que aparecen son inexistentes cuando se investigan sus cuentas en las redes sociales o se hacen algunas comprobaciones de antecedentes. Los corredores legítimos estarían orgullosos de mostrar el equipo detrás del éxito de su negocio de comercio de criptomonedas.

4 -Plataformas y sitios web de comercio de criptomonedas fraudulentos Las plataformas de comercio hacen que las transacciones de compra y venta sean fáciles y rápidas. Sin embargo, si usted observa que tanto el sitio web como la plataforma de comercio de los corredores están ofreciendo ofertas introductorias exageradas, ofertas de una vez en la vida, excelentes ofertas como batir las fluctuaciones del tipo de cambio, o tener tecnologías automatizadas para ayudarle a obtener ganancias lucrativas, tenga cuidado. Estas tácticas suelen ser empleadas por corredores cuyo propósito es atraer a los principiantes que quieren un enfoque rápido y rico en el comercio de bitcoins.

Además, también notarás que tienen altas tasas de retirada o comisiones cuando operas con monedas fiduciarias como euros, dólares o libras. Otros imponen tasas de procesamiento adicionales para los retiros o el comercio.

5 - No hay libro blanco de la criptodivisa ni código publicado El libro blanco es una parte vital de la oferta inicial de monedas (ICO). Muestra el diseño del criptoproyecto, cómo funciona la oferta, cómo crecerá y cómo ganará dinero. Si no hay un whitepaper transparente o el whitepaper no tiene ningún sentido, es un gran NO.

Los criptocomerciantes legítimos publicarían sus códigos "de código abierto" para mostrar su legitimidad. Aunque no todo el mundo puede leer el código, un código publicado en código abierto muestra su voluntad de que todo el mundo lo lea, lo compruebe o incluso lo edite. Algunos equipos de criptomonedas no publican su código en código abierto, lo cual es legal y aceptable. Sin embargo, cuando no hay código o se mantiene oculto, los corredores pueden ser fraudes y estafadores.

Estafas de Bitcoin y cómo evitarlas Estafa 1: Sitios web impostores Los estafadores crean sitios web casi similares a los de empresas originales y legales de comercio de bitcoins para atraer a usuarios desprevenidos. Si visitas accidentalmente un sitio web falso y te redirigen a otra plataforma para que pagues, estás en un sitio web impostor.

Compruebe siempre el pequeño icono del candado situado junto a la barra de URL para asegurarse de que se encuentra en un sitio web seguro. Si no hay "https" en la dirección, es mejor evitar hacer clic en ella. Para asegurarse de que se le dirige al sitio web correcto y legítimo, escriba en su navegador la URL exacta y compruébela dos veces antes de hacer clic.

Estafa 2: Correos electrónicos fraudulentos Los estafadores suelen enviar ofertas falsas por correo electrónico para anunciar sus falsas ofertas iniciales de monedas. Copian el logotipo y la imagen de marca de los corredores legítimos para robar su dinero. Para protegerse de personas sin escrúpulos, verifique siempre la dirección de correo electrónico si es válida o está legítimamente conectada a la empresa comercial. Si tiene dudas, póngase en contacto con el personal de apoyo para averiguarlo. Y lo más importante, no haga clic en el enlace del mensaje de correo electrónico.

Estafa 3: Aplicaciones móviles falsas Otra forma común que utilizan los estafadores para atraer a los comerciantes e inversores de bitcoin es a través de aplicaciones falsas. Utilizan aplicaciones falsas descargables a través de Apple App Store y Google Play. Se ha informado de que miles de personas han descargado una variedad de aplicaciones criptográficas falsas. Aunque es fácil eliminar las aplicaciones falsas, su eliminación no garantiza que no estén utilizando la información que ya han recopilado. Para evitarlo, comprueba siempre las faltas de ortografía en el nombre de las aplicaciones, el logotipo incorrecto y el aspecto poco auténtico de la marca.

Estafa 4: Tweets y actualizaciones de redes sociales incorrectas Las cuentas impostoras de los estafadores utilizan bots maliciosos que suplantan la identidad y publican actualizaciones que muestran resultados increíbles o imposibles. Cuidado con las plataformas que piden una pequeña cantidad de bitcoin a cambio de una experiencia de trading.

Estafa 5: Criptodivisas falsas Otra estafa común a la que hay que prestar atención es cuando se recibe un mensaje en el que se dice que hay que utilizar una criptodivisa alternativa en lugar de bitcoin. Esta estafa le atraería para que invirtiera en cualquiera de las nuevas divisas porque cobrar en bitcoin es demasiado tarde. Un caso controvertido fue cuando los estafadores detrás de My Big Coin fueron capaces de robar 6 millones de dólares de los usuarios que invierten en las criptomonedas falsas.

Estafa 6: Ofertas Iniciales de Monedas (ICOs) fraudulentas Las ICOs se refieren a los mecanismos de recaudación de fondos para las criptodivisas recientemente lanzadas. Cada mes se producen una serie de ICOs junto con el lanzamiento de nuevas criptomonedas y tokens. Los operadores de las ICOs obtienen tokens en la nueva empresa. Si bien las ICOs son legítimas, muchos nuevos actores lanzan sus emprendimientos sin un plan de negocios real, sin libro blanco, sin experiencia y sin tecnología detrás. Para evitar caer en la trampa de los estafadores de criptomonedas, asegúrese de investigar a fondo a los miembros del equipo de la startup.

- Libro blanco copiado El libro blanco de la ICO es el documento fundacional del negocio de las criptomonedas. Los estafadores suelen copiar todo el libro blanco de una empresa legítima y lo hacen pasar como propio. Asegúrese de volver a comprobarlo, especialmente si ha visto un documento similar en otro lugar.

- Páginas incompletas Sus sitios web tienen páginas incompletas y parecen haber sido creados a toda prisa para iniciar sus actividades de estafa. Otras cosas que hay que revisar son los datos de contacto de aspecto extraño, las descripciones incompletas, la falta de fotos de archivo y otras incoherencias.

- Ausencia de miembros del equipo Los sitios web acreditados y legítimos suelen tener una sección de medios de comunicación donde se encuentra la información sobre los miembros del equipo.

- Incongruencias de texto Hay errores ortográficos y gramaticales y otras incoherencias de texto en la página de aterrizaje, las publicaciones del blog o los boletines informativos. Dado que su único objetivo es atraer a los clientes para que inviertan, las personas que están detrás de las cuentas fraudulentas no se preocupan por editar o corregir su contenido.

- El personal es reacio a dar respuestas a preguntas difíciles y técnicas.

Si llama para aclarar algo y el empleado no puede responder a las preguntas técnicas o da respuestas vagas, sospeche.

Estafa 7:

Esquemas Ponzi El esquema Ponzi es una estafa de inversión cuyo objetivo es captar el mayor número posible de clientes para que realicen una inversión. En este esquema, los estafadores crean un plan de negocio que genera ingresos para sobrevivir. Utilizan los fondos de los nuevos inversores para pagar a los antiguos. La última jugada de los estafadores se produce cuando convencen a los inversores para que cobren.

El crecimiento exponencial de las criptomonedas, especialmente el bitcoin, ha atraído a los estafadores a dirigirse a este sector de inversión. La volatilidad, la descentralización y las características únicas del bitcoin lo convierten en un activo perfecto para dirigirse a los inversores del mercado que buscan hacer crecer su dinero. Tenga en cuenta que los esquemas Ponzi comparten características comunes. Puede evitar convertirse en una víctima de esta estafa teniendo en cuenta las siguientes señales de alarma:

- Promesas de alta rentabilidad con poco o ningún riesgo Si las promesas son demasiado buenas para ser verdad, sospeche. Todo tipo de inversión tiene un cierto grado de riesgo. Las inversiones de mayor rendimiento implican más riesgos. No hay un retorno de la inversión "garantizado" ni un flujo constante de beneficios porque los mercados tienen tendencias alcistas y bajistas. Por lo tanto, cuando un operador se acerca con una propuesta muy tentadora que garantiza ingresos constantes, probablemente se trate de un esquema Ponzi.

- No regulado y sin licencia Las leyes estatales y federales sobre valores exigen que todas las empresas y profesionales de la inversión obtengan el registro de la SEC y otras licencias necesarias de los organismos reguladores. La mayoría de las empresas que participan en esquemas Ponzi no están registradas en la SEC. Esto les permite operar bajo el radar y victimizar a muchas personas.

- Problemas al recibir los pagos Los estafadores de Ponzi siempre intentan evitar que sus clientes cobren. Ofrecen rendimientos más altos para que se queden o renueven sus bitcoins invertidos. Algunos retrasan deliberadamente los pagos, alegando que el sistema tiene problemas para cobrar los fondos.

- Estrategias comerciales demasiado complejas de entender Evite las propuestas de inversión en bitcoin que parecen ciencia espacial y que ni siquiera sus reclutadores o asesores pueden explicar con claridad. Los estafadores utilizan estrategias complejas para ocultar sus verdaderos motivos. Si no pueden dar información completa sobre su negocio o explicar su estructura de comisiones, deje de prestarles atención.

- Problemas con el papeleo o los documentos Los estafadores de Crypto Ponzi siempre tienen una excusa preparada cuando usted pide información por escrito. Cuando revise los extractos de su cuenta, busque errores que puedan ser una señal de actividades fraudulentas.

- No hay calificaciones mínimas para los inversores Las empresas de inversión privada y los operadores legítimos tienen una lista de requisitos antes de que usted se convierta en un inversor acreditado. Si la oportunidad de inversión que le proponen no le pregunta por su patrimonio neto o su salario, sea muy escéptico y compruebe su legitimidad.

- Explotar todas las afinidades posibles Los estafadores suelen unirse a grupos que comparten afinidades como la religión, la etnia o los intereses para encontrar víctimas. A veces, incluso reclutan a miembros destacados y líderes respetados para que les ayuden a difundir buenas palabras sobre la "inversión".

Estafa 8: Malware El malware ha sido utilizado por los hackers para robar números de cuentas bancarias y de tarjetas de crédito u obtener contraseñas para acceder a redes informáticas. Ahora está siendo utilizado por los estafadores de bitcoin para acceder y robar fondos de los usuarios con monederos de Bitcoin conectados a Internet.

Estafa 9: Estafas de la vieja escuela Algunos estafadores le llaman o le envían un correo electrónico para decirle que debe impuestos atrasados y que son representantes de Hacienda. Muchas personas no comprobarían si la reclamación es legítima y enviarían dinero para cubrir la discrepancia. Pero en lugar de una transferencia bancaria, insisten en transferir bitcoins. Sepa que las autoridades legítimas no pedirían pagos en criptodivisas y no contacte con la gente de esa manera.

Estafa 10: Estafas de bombeo y descarga Una actividad de bombeo y descarga implica que los estafadores se agrupen para comprar acciones de poco valor. Esto hace que los precios de las acciones suban. Aprovechan el impulso para reclutar a personas para que inviertan en las acciones con la promesa de ganar mucho dinero fácilmente. Incluso utilizarían el apoyo de falsas celebridades y noticias falsas para promover su empresa de inversión.

Por desgracia para el bitcoin, la nueva tecnología hace que esta criptodivisa sea un objetivo para los estafadores. La tecnología digital puede hacer que las afirmaciones falsas parezcan reales, permitiendo que los viejos métodos de estafa evolucionen hacia una nueva e inusual estrategia de inversión.

Formas de protegerse de los estafadores de bitcoin No sea víctima de ningún tipo de estafa que incluya bitcoin. Manténgase alerta en todo momento, especialmente cuando aún esté aprendiendo los entresijos del comercio de bitcoins. He aquí algunas cosas eficaces que puede hacer:

- Investiga a fondo antes de confiar en un corredor o bolsa de criptomonedas. Tómate tiempo para revisar sus sitios web, las ICO, las ganancias, los protocolos de seguridad de la web y las tasas de conversión.

- No invierta cuando no entienda claramente la propuesta de negocio o proyecto.

- Compruebe siempre la credibilidad y la reputación de la empresa o del operador. Asegúrese siempre de que su dinero está en las manos adecuadas.

- Busque orientación profesional. Cuando esté considerando algunas propuestas de inversión en bitcoin, solicite la ayuda de gestores o asesores de inversión con experiencia. Pueden ayudarle a encontrar signos de fraude y a explicar las áreas dudosas de las ofertas.

También debe considerar la posibilidad de mejorar sus medidas de seguridad para asegurarse de que todas sus transacciones de criptografía son privadas, seguras y están protegidas.

- Instale una VPN para encriptar todo el tráfico y dificultar que los estafadores vigilen sus actividades comerciales. Aunque los usuarios y las transacciones de criptomonedas son seudónimos, existe la posibilidad de que los estafadores profesionales puedan rastrearlos. Instalando una VPN con una estricta política de no registro y un killswitch, su cuenta de inversión estará más segura.

- Proteja su llave de seguridad física. Esta pieza de hardware permite el acceso a sus activos de bitcoin. Disminuye en gran medida el riesgo de ser rastreado y hackeado.

Otra cosa importante es averiguar la mejor manera de almacenar su bitcoin. En la actualidad, sólo hay dos formas de hacerlo:

- Monederos digitales Un monedero digital es un almacenamiento virtual con una clave de seguridad que le permite acceder a su activo cuando lo necesite para cualquier tipo de transacción.

- Intercambios Los intercambios son como los bancos tradicionales que ofrecen depósitos y retiros de fondos con cargos por cada transacción y gestión de depósitos.

¿Qué hacer si se es víctima de algún esquema fraudulento?

Lo mejor es acudir inmediatamente a un abogado especializado en fraudes de inversión, a la autoridad reguladora de la industria financiera (FINRA) o a la SEC y denunciar el incidente.

Conclusión Encontrar un corredor bueno y de confianza es la clave para operar con bitcoin con éxito. Es una opción adecuada para los principiantes que se están familiarizando con los mercados y las estrategias de las criptomonedas. A la hora de elegir un broker de criptomonedas, hay que comprobar sus credenciales, su reputación, su rendimiento, su plataforma y otros elementos que demuestren su competencia y fiabilidad. No querrás perder dinero. Usted quiere operar porque le gusta ganar dinero.

6

¿Qué factores afectan al precio del Bitcoin?

Al entrar en el mercado de las criptomonedas, es importante entender los factores que pueden afectar directamente al precio del bitcoin. Puede descartar la política monetaria, la medición del crecimiento económico y las tasas de inflación porque estos factores no son aplicables al bitcoin.

Los precios del bitcoin están influenciados por:

- La demanda del mercado y la oferta de bitcoin - El coste del proceso de minería para crear bitcoin - Los incentivos a los mineros de bitcoin que trabajan para verificar las transacciones a la blockchain - Los intercambios en los que cotiza - El número de criptodivisas competidoras - La gobernanza interna de Bitcoin - La normativa que regula su venta Oferta y demanda El elemento principal que determina el precio de bitcoin es la oferta y la demanda. Cuando la demanda aumenta, el precio del bitcoin aumenta. Cuando la demanda del mercado disminuye, el precio cae. El precio máximo histórico del bitcoin en marzo de 2021 es de 61.683,86 dólares.

La oferta está influenciada de dos maneras:

1. El protocolo de bitcoin de permitir la creación de nuevos bitcoins a una tasa fija. La tasa está diseñada para disminuir o reducirse con el tiempo. Este protocolo crea escenarios que desencadenan la escalada de la demanda y hacen subir el precio del bitcoin. Cuando el crecimiento de la circulación se ralentiza, la razón principal es la reducción a la mitad de las recompensas por bloque que se ofrecen a los mineros. Puede interpretarse como una inflación artificial para el ecosistema.

Pero este mecanismo de inflación artificial dejará de tener impacto en el precio de las criptomonedas cuando se complete la producción. Sin embargo, con el ritmo actual de ajuste de las recompensas por bloque, se prevé que el último lote de bitcoin se minará en 2140 o más allá.

1. El número de bitcoin que el sistema permite que exista. En diciembre de 2020, la oferta era de 18.587, lo que supone un 88,5% del tope de 21 millones de bitcoins. Una vez alcanzado el número máximo, la minería de nuevas monedas cesará. A partir de ahí, los precios de los bitcoins en circulación dependerán entonces de si se consideran utilizables en las transacciones, de si tienen demanda en comparación con otras criptomonedas y de si son legales.

Coste de producción Aunque el bitcoin es un producto virtual, se produce (se mina) y tiene un coste de producción. El mayor factor es el consumo de electricidad porque los mineros trabajan continuamente para resolver complejos problemas matemáticos criptográficos. Otros gastos son la recompensa del minero por crear nuevos bitcoins y las tasas de transacción acumuladas desde que se produjo el último bloque.

Intercambios de divisas La disponibilidad de intercambios de criptomonedas y mercados comerciales puede influir en el precio del bitcoin. Cuando un intercambio se hace muy popular, es más fácil que atraiga a los participantes para generar un efecto de red. Al aprovechar el peso del mercado de la bolsa, ésta puede establecer normas que regulen cómo se añaden otras criptomonedas, así como el nivel de cumplimiento de la normativa.

Competencia Aunque el bitcoin es la criptomoneda más popular, hay muchos tokens en el mercado que compiten por la atención. Los competidores más cercanos son Ethereum (ETH), Binance Coin (BNB), Tether (USDT), Polkadot (DOT) y Cardano (ADA). Además, con las pocas barreras de entrada, cada vez hay más ofertas iniciales de monedas (ICO). Para la mayoría de los criptoinversores, un campo abarrotado es ventajoso porque mantiene los precios a la baja. Afortunadamente, la gran visibilidad del Bitcoin le da una ventaja sobre sus competidores.

Gobierno interno Con la ausencia de gobierno por parte de una autoridad central, Bitcoin depende de los mineros y desarrolladores para procesar las transacciones y asegurar la red blockchain. Uno de los problemas más importantes es la escalabilidad. El software de Bitcoin sólo puede procesar hasta aproximadamente tres transacciones por segundo, dependiendo del tamaño de los bloques. La lentitud de las transacciones puede empujar a muchos comerciantes e inversores a ir hacia criptomonedas de la competencia.

Además, la comunidad de Bitcoin se encuentra en un dilema sobre la mejor manera de acelerar el número de transacciones. Los cambios o "bifurcaciones" en las reglas de uso del software son impulsados por el consenso, lo que ralentiza la resolución de cuestiones fundamentales. Una "bifurcación suave" se refiere a los cambios de reglas que no generan una nueva criptomoneda. Un "hard fork" es un cambio de software que crea nuevas criptomonedas.

Regulaciones y asuntos legales Las regulaciones afectan a los precios del bitcoin. El rápido aumento de su popularidad ha hecho que los organismos reguladores mantengan las criptodivisas en su radar. La mayoría de los gobiernos están atentos a actividades ilícitas como el blanqueo de dinero y vigilan la posible implicación del bitcoin. Actualmente, hay varios países que la consideran legal o neutral y no restringen las transacciones con bitcoin.

También surge un debate continuo sobre la clasificación de este tipo de activos digitales. La Comisión de Comercio de Futuros de Materias Primas (CFTC) de EE.UU. clasifica el bitcoin como una materia prima, mientras que la Comisión de Valores lo considera como valores. Esta cuestión constante crea incertidumbre.

Sin embargo, las crecientes capitalizaciones del mercado y el despliegue de varios productos financieros que aceptan el bitcoin como activo subyacente, como los futuros, los fondos cotizados (ETF) y otros derivados, hacen que el bitcoin sea ventajoso. Influyen en los precios del bitcoin de dos maneras:

- Permiten el acceso a muchos inversores que no pueden permitirse comprar un bitcoin real, impulsando la demanda al alza.
- Reduce la volatilidad de los precios al permitir que los inversores institucionales utilicen sus activos para hacer apuestas para que los precios vayan en la otra dirección.

Conclusión clave Los precios de Bitcoin también suben y bajan debido a la cobertura mediática, la disponibilidad y la especulación. La prensa positiva aumenta la demanda, mientras que la negativa hace que algunos poseedores de Bitcoin entren en pánico y vendan sus acciones, lo que hace bajar el precio. Además, cuando el volumen de monedas en el mercado aumenta, el precio baja.

A medida que más inversores institucionales adoptan Bitcoin como medio de intercambio e inversión, hace que el precio aumente. Y como no está regulado y está descentralizado, Bitcoin es una gran alternativa para almacenar dinero y diversificar la riqueza.

7

El futuro de la criptodivisa

Aunque las criptomonedas existen desde hace algo más de una década, todavía son muy nuevas. Con el tiempo, es probable que su valor y popularidad sigan aumentando, debido a que mucha gente las ve como una mejor alternativa a la moneda fiduciaria.

Además, como los Bitcoins y otras criptodivisas no están regulados por una autoridad central, no están sujetos al mismo tipo de manipulación que sufren las divisas normales. Por ejemplo, cuando el gobierno estadounidense sube los tipos de interés o los tipos de cambio, tiene un impacto directo en el valor del dólar. Sin embargo, cuando el gobierno sube los tipos de interés de los tipos de cambio no hay tal efecto en las criptodivisas porque no se ven directamente afectadas por ningún cambio.

Para entender más, en este capítulo se discutirá cómo la criptodivisa afecta a la economía global y el futuro que tiene.

Averigüémoslo.

El futuro de la criptodivisa Desde el auge inicial del bitcoin allá por 2013, no ha faltado quien afirme que las criptodivisas son el futuro. Algunos llegan a decir que serán más grandes que Internet, mientras que otros creen que sustituirán a la moneda fiduciaria tal y como la conocemos. Sin embargo, hay una cosa en la que todos estamos de acuerdo: las criptomonedas no desaparecerán pronto.

De hecho, hay una serie de razones por las que las criptodivisas seguirán prosperando en los próximos años:

El auge de los pagos móviles Aunque las criptodivisas no sean la forma de pago más popular ni mucho menos, cada día son más populares. Esto se debe en gran parte al aumento de los pagos por móvil. Al fin y al cabo, cuando la gente puede pagar cosas con sus smartphones y dejar sus carteras en casa, tiene mucho más sentido que utilicen criptodivisas porque no tienen que preocuparse de llevar grandes cantidades de dinero en efectivo. Por supuesto, a medida que esta tecnología se generalice, habrá una mayor demanda de criptodivisas en general. A medida que la gente se sienta más cómoda con el uso de las criptodivisas, esto podría ayudar a que se adopten de forma generalizada y esto abriría nuevas vías de crecimiento para la industria.

Mejoras técnicas Al igual que cualquier otra tecnología que ha existido durante tanto tiempo como las criptomonedas, siempre hay espacio para mejorarlas. Por ejemplo, uno de los mayores problemas con los que se ha encontrado mucha gente al utilizar criptodivisas es la velocidad de las transacciones. Mientras que las transacciones en moneda fiduciaria se procesan y completan en segundos, muchas criptodivisas pueden tardar horas o incluso días en ser procesadas. Afortunadamente, hay varias empresas que trabajan para mejorar la velocidad de las transacciones y equipararlas a los métodos de pago tradicionales mediante el uso de la tecnología blockchain. En última instancia, esto hará que las criptomonedas sean más atractivas para el público en general y ayudará a impulsar su adopción generalizada.

El auge de los contratos inteligentes Un área en la que las criptomonedas han demostrado ser un poco deficientes es en su capacidad para facilitar los contratos inteligentes. Sin embargo, el gran número de nuevas aplicaciones que se han desarrollado para la tecnología blockchain dejan claro que los contratos inteligentes van a ser una de las áreas clave en las que las criptomonedas pueden crecer y prosperar. De hecho, mucha gente cree que el uso de los contratos inteligentes ayudará a empujar las criptodivisas hacia la adopción generalizada porque permitirá que se utilicen de formas que nunca se pensaron posibles. En otras palabras, si una empresa desarrolla un juego en el que la gente puede pagar con criptodivisas, la gente empezará a utilizarlo simplemente porque quiere jugar al juego. Esto podría llevar a una adopción masiva a través de la demanda y podría empujar a las criptodivisas a un uso generalizado con poco esfuerzo.

Mayor regulación Cuando las criptodivisas aparecieron por primera vez, el público en general se mostraba muy escéptico y era difícil utilizarlas de alguna manera. Sin embargo, con el paso del tiempo se ha impulsado una mayor regulación y esto ha hecho maravillas para el crecimiento de las criptodivisas. Cuando la gente sabe que su dinero es seguro y que existen normas para protegerlo, está más dispuesta a utilizar las criptodivisas. A medida que más personas comiencen a confiar en las criptodivisas, comenzarán a utilizarlas con más frecuencia y esto podría conducir a un aumento masivo en el crecimiento en comparación con los primeros días de la criptodivisa.

El auge de los intercambios de criptodivisas y las plataformas de comercio Aunque la mayoría de las personas que han oído hablar de las criptodivisas han oído hablar de intercambios como Coinbase, hay muchos otros que no lo han hecho. Sin embargo, estos intercambios juegan un papel clave en el ecosistema bitcoin porque permiten a la gente comprar, vender/comerciar e invertir en varias criptodivisas a diario. De hecho, algunas bolsas como Binance han crecido tan rápidamente durante el último año que se han convertido en las mayores bolsas de criptodivisas del mundo.

Además de los intercambios, hay una serie de plataformas de comercio que también se han desarrollado en los últimos años. Aunque hay mucha competencia en este espacio, empresas como eToro han demostrado que es posible llevar las criptodivisas a un público más amplio y ofrecerles una forma de invertir sin tener ningún conocimiento técnico. Por supuesto, esto ha ayudado a que la inversión en criptodivisas sea mucho más fácil y también las ha hecho más atractivas para los inversores ocasionales.

Las perspectivas de las criptodivisas Las criptodivisas son todavía un desarrollo muy reciente y, como tal, se enfrentan a su parte justa de riesgos y críticas. Sin embargo, las criptodivisas han sobrevivido a todas estas controversias y contratiempos, por lo que no hay duda de que seguirán creciendo en popularidad y uso. Como resultado, podemos estar seguros de que las criptodivisas seguirán siendo relevantes en el futuro.

En 2021, las criptodivisas serán más utilizadas que nunca. A medida que pase el tiempo, cada vez más personas empezarán a adoptar las criptodivisas y se convertirán en una parte cotidiana de nuestra vida personal y profesional. La única pregunta es: ¿hasta dónde llegarán?

Aunque no hay forma de predecir el futuro con certeza, hay algunos escenarios posibles que podrían tener un impacto significativo en la criptodivisa. Estos escenarios incluyen:

Escenario 1: La criptodivisa se convierte en una moneda corriente El primer y más obvio escenario es que las criptodivisas se convertirán en la forma dominante de moneda utilizada en todos los aspectos de la vida. Imagine que puede comprar bienes y servicios con bitcoin con la misma facilidad que con dinero en efectivo. De hecho, serían tan fáciles de usar como el dinero en efectivo porque no tendrías que preocuparte de cambiarlas por monedas fiduciarias ni de hacer frente a las comisiones de las transacciones. Esto significa que todo tu día a día sería completamente sin dinero en efectivo.

Sin embargo, este escenario es muy improbable porque implica que la gente abandone por completo sus monedas fiduciarias y adopte las criptodivisas. Mucha gente nunca verá el atractivo de renunciar al dinero en efectivo por completo porque hay muchas ventajas en el uso de la moneda fiduciaria sobre la criptodivisa. Entre ellas, la posibilidad de conservar físicamente el dinero y cambiarlo fácilmente por bienes y servicios. Aun así, hay algunos que están dispuestos a renunciar a sus monedas fiduciarias y hacer el cambio a la criptodivisa; esto es especialmente cierto para aquellos que ya están familiarizados con la moneda digital.

Otra razón por la que este escenario es poco probable es porque las criptodivisas no están actualmente respaldadas por ningún gobierno o banco central. Esto puede ser muy inquietante para algunas personas que sólo confían en que su gobierno garantice la seguridad de su moneda. Sin embargo, sería un error pensar que las criptodivisas no son seguras; de hecho, nunca se verán afectadas por la inflación o la devaluación.

Escenario 2: La criptodivisa se convierte en una inversión dominante Un segundo escenario sería que las criptodivisas se convirtieran en la forma de inversión dominante. Esto sería similar al primer escenario en el sentido de que usted podría comprar, vender e intercambiar criptodivisas con la misma facilidad que las acciones y los bonos. Sin embargo, la gran diferencia aquí es que usted podría comprar y vender fácilmente estas inversiones las 24 horas del día, los 365 días del año.

Dado que las criptodivisas no están vinculadas a ningún país o moneda, ya no tiene que preocuparse de los impuestos o de los problemas de internacionalización. Esto significa que usted puede operar 24/7, 365 días al año sin tener que preocuparse por las leyes fiscales o las normas que limitan su capacidad de invertir en los mercados extranjeros. Y aunque esto pueda parecer una gran manera de ganar dinero, también significa que siempre va a haber alguien listo y dispuesto a quitarte tu dinero en cualquier momento del día o de la noche.

Escenario 3: Los gobiernos regulan la criptodivisa Un tercer escenario sería que los gobiernos regularan la criptodivisa. Esto significaría que las criptodivisas no se utilizan como una forma de moneda o inversión, sino que son reguladas y supervisadas por los gobiernos.

Esto no es lo mismo que las criptomonedas estén respaldadas por sus respectivos gobiernos. En cambio, significa que las criptodivisas se regularían de forma similar a otras formas de moneda, sólo que esta vez serían digitales en lugar de moneda fiduciaria. Así, se podría seguir invirtiendo en ellas con la misma facilidad que en otras monedas y activos, pero no habría que preocuparse por ningún tipo de volatilidad o fluctuación porque tendrían un valor fijo al igual que la moneda fiduciaria.

Escenario 4: Todas las criptomonedas son reguladas por un gobierno en particular Un cuarto y último escenario es que todas las criptomonedas sean reguladas por un gobierno. Esto significaría que el dinero digital ya no existiría como formas separadas de moneda; en su lugar, estarían todas unidas bajo una única agencia gubernamental reguladora. Esta agencia garantizaría que las criptodivisas se utilizaran de forma segura.

Sin embargo, este escenario es muy improbable porque las criptomonedas están diseñadas para ser totalmente descentralizadas y no están vinculadas a ningún gobierno o moneda. De hecho, la propia naturaleza de las criptomonedas es que se supone que están separadas de todos los gobiernos y monedas. Así que, aunque sea posible que un país regule todas las criptodivisas, no duraría mucho tiempo porque otros países probablemente seguirían su ejemplo.

El futuro de la criptodivisa y la moneda fiat Mucha gente cree que las criptodivisas acabarán sustituyendo a la moneda fiat y se convertirán en la única forma de dinero digital. Sin embargo, es muy poco probable que esto ocurra porque siempre habrá algún tipo de necesidad de moneda fiduciaria. Por ejemplo, cuando se hacen grandes compras es importante tener dinero en efectivo. Además, algunos lugares no aceptan criptodivisas y, a menos que haya soluciones compatibles con las criptodivisas, la gente seguirá necesitando utilizar dinero físico.

Sin embargo, el futuro de la criptodivisa no depende de si sustituye o no a la moneda fiduciaria. En cambio, depende de lo bien que se integren las criptomonedas con otras formas de dinero digital, como la moneda fiduciaria y los puntos. Por ejemplo, si las criptodivisas pueden utilizarse como forma de pago en varios comercios diferentes, probablemente sobrevivirán a largo plazo en alguna medida.

Aquí es donde las cosas se ponen realmente interesantes. En el futuro, es probable que todas las formas de dinero sean digitales y las criptomonedas desempeñarán un papel importante en este nuevo ecosistema financiero. Esto significa que las criptodivisas pueden no reemplazar otras formas de dinero, pero pueden convertirse en una parte crucial de nuestro sistema financiero.

Criptodivisas en el mundo A medida que la popularidad de las criptodivisas aumente, también lo hará su uso en todo el mundo. En la actualidad hay algo más de mil criptodivisas, pero en los próximos años aparecerán muchas más. Incluso hoy en día, hay criptodivisas que sólo se utilizan en determinados países;

Este tipo de monedas será aún más común con el paso del tiempo.

También existe la posibilidad de que muchas de las monedas actuales sean eliminadas y sustituidas por otras nuevas. Es totalmente posible que algunas de las monedas más populares de hoy no duren otra década, lo que significa que los inversores deben seleccionar cuidadosamente sus inversiones si quieren que sean rentables en el futuro.

Otro factor a tener en cuenta es cómo tratarán las criptomonedas los distintos países del mundo. Mientras que algunos países podrían adoptarlas, otros podrían decidir prohibirlas, lo que podría provocar cambios significativos en su uso en todo el mundo. Algunos países podrían incluso decidir crear su propia versión de una criptodivisa, lo que podría dar lugar a interesantes debates y conflictos entre países.

En la actualidad, uno de los mayores problemas a los que se enfrentan las criptodivisas es su popularidad en ciertas partes del mundo, mientras que en otras son completamente ignoradas.

Por ejemplo, en países como Venezuela y Zimbabue, las criptomonedas son extremadamente populares debido a las estrictas regulaciones gubernamentales que han hecho que la gente pierda la fe en sus monedas fiduciarias. Sin embargo, países como Estados Unidos y Japón se han mostrado reacios a adoptar las criptodivisas porque las consideran una inversión arriesgada.

Este conflicto entre países tiene el potencial de causar grandes problemas en el futuro, especialmente si las criptodivisas se vuelven aún más comunes.

Además, también hay que tener en cuenta el impacto que las criptodivisas podrían tener en las empresas. En los próximos años, habrá un número creciente de negocios que acepten criptodivisas para pagos y transacciones. Esto hará más fácil que nunca que la gente compre cosas con sus inversiones en criptodivisas.

También existe la posibilidad de que algunas empresas creen sus propias monedas digitales, lo que podría llevar a que se vuelvan tan populares como algunas de las criptodivisas actuales. Esto podría ayudar a que las criptodivisas se conviertan en una corriente principal y resulten ser una oportunidad de inversión lucrativa.

Regulaciones y criptodivisas En el pasado, las criptodivisas eran ampliamente ignoradas por los gobiernos, y no se les exigía seguir ninguna regulación en particular. Sin embargo, a medida que se hacen más populares, los gobiernos de todo el mundo están empezando a darse cuenta de su potencial impacto en la sociedad.

Por ejemplo, Suiza ha creado un organismo regulador de las criptomonedas que debe ayudar a establecer directrices claras para todos los negocios relacionados con ellas. Corea del Sur también ha anunciado planes para crear una nueva agencia reguladora que se encargará de supervisar el mercado de las criptomonedas. Es probable que muchos otros países de todo el mundo sigan su ejemplo en los próximos años debido a la rapidez con la que las criptomonedas están creciendo en popularidad.

En Estados Unidos, la Comisión de Valores y Bolsa (SEC) ha sido la más activa en lo que respecta a las criptodivisas. Hasta ahora, han sido bastante estrictos en cuanto a la regulación de las criptodivisas.

Las regulaciones de las criptodivisas en EE.UU. han provocado algunos problemas importantes, como el reciente colapso del popular intercambio de criptodivisas, Bitconnect.

La compañía fue acusada de operar como un esquema piramidal ilegal por la SEC y otros organismos reguladores de todo el mundo. Como resultado, perdieron su licencia en Texas y se vieron obligados a cerrar su plataforma de intercambio. El hecho de que pudieran operar en Estados Unidos durante tanto tiempo es un testimonio de lo difícil que puede ser para los reguladores seguir la pista a las criptodivisas.

Independientemente de lo estrictas o laxas que sean las regulaciones en todo el mundo, las criptomonedas tendrán que ser reguladas de alguna manera para que sean aceptadas a escala mundial. Por ejemplo, si no se establecen normas, las criptomonedas podrían convertirse en objetivo de piratas informáticos y delincuentes que buscan ganar dinero rápido con actividades ilegales. Cualquiera que sea la normativa que se establezca tendrá un enorme impacto en el uso de las criptodivisas en todo el mundo.

Las regulaciones son una gran preocupación para muchas personas que quieren invertir en criptomonedas. Aunque estas regulaciones pueden parecer algo malo al principio, muchos expertos creen que en realidad serán buenas para la industria en su conjunto porque ayudarán a crear un ecosistema más estable para los inversores y comerciantes.

A medida que el entorno normativo siga evolucionando, mucha gente seguirá de cerca qué países adoptarán las criptodivisas y cuáles las prohibirán. Esto podría desempeñar un papel importante en la cantidad de dinero que se invierta en criptodivisas en el futuro, ya que algunos inversores podrían optar por evitar los países que son específicamente contrarios a las criptodivisas.

Inversores institucionales y criptodivisas En el pasado, los inversores institucionales se han mantenido alejados de las criptodivisas porque querían evitar la naturaleza de alto riesgo y alta recompensa que presenta este tipo de mercado. Sin embargo, a medida que las criptodivisas se convierten en una opción más legítima para invertir, los inversores institucionales están empezando a tomar nota. La razón por la que estos inversores institucionales están empezando a involucrarse en las criptodivisas es porque están empezando a ver que el valor de las criptodivisas podría aumentar significativamente con el tiempo. Esto significa que tener una parte de sus inversiones en criptodivisas podría terminar siendo una de las mejores inversiones que hayan hecho.

Por ejemplo, en 2017 Goldman Sachs anunció sus planes de abrir una mesa de negociación de criptodivisas. Unos meses más tarde, BlackRock, el mayor gestor de dinero del mundo con más de 6 billones de dólares bajo gestión, anunció que estaba considerando invertir también en criptodivisas. Estos son sólo un par de ejemplos de cómo los inversores institucionales se están interesando poco a poco en las criptodivisas como vehículo de inversión.

La SEC también ha sido muy inflexible en cuanto a que las instituciones financieras tradicionales no pueden invertir en criptodivisas hasta que estén debidamente reguladas. Sin embargo, muchos inversores institucionales no parecen respetar estas normas y están encontrando formas de invertir en el mercado de las criptomonedas de todos modos.

Por ejemplo, algunos de los mayores fondos de cobertura están invirtiendo grandes sumas de dinero como parte de sus estrategias de monedas digitales. En algún momento, es probable que la SEC no tenga más remedio que permitir a los inversores institucionales entrar en el mercado de la criptomoneda, ya que está empezando a ser demasiado grande para que lo ignoren.

8

Cómo comprar criptodivisas

Así que, ahora que conoces los fundamentos de las criptodivisas, puede que te preguntes cómo comprarlas. Hay varias formas de comprar criptodivisas, pero los métodos más populares son comprarlas en una bolsa, comprarlas a particulares o minarlas.

En este capítulo cubriremos cómo puedes comprar y vender criptodivisas. También hemos proporcionado una lista de intercambios que están disponibles para facilitarle la comprensión de cómo puede comprar su primera criptodivisa.

Cómo comprar criptodivisas Comprar en una bolsa Estas bolsas actúan como intermediarias entre el comprador y el vendedor y facilitan a la gente la compra y venta de diferentes criptodivisas. Ejemplos de intercambios son Coinbase, Binance, etc.

Comprar directamente a particulares Muchas personas que tienen criptodivisas venden directamente a particulares a través de plataformas como LocalBitcoins y Craigslist. Los intercambios se pueden hacer en línea o en persona a través de efectivo u otros métodos de pago. También puede encontrar comerciantes de criptodivisas en Reddit que intercambiarán Bitcoin por otras criptodivisas o viceversa a una tasa determinada por el mercado (es decir, la oferta y la demanda actuales).

Mínela usted mismo Si tiene mucha potencia de cálculo, puede minar Bitcoin y otras criptodivisas usted mismo. De hecho, esta es la forma en que se creó Bitcoin por primera vez y se sigue haciendo hoy en día. Como se discutió en el primer capítulo, la minería puede ser una empresa potencialmente rentable, pero también es muy arriesgada. Hablaremos más de esto en los próximos capítulos.

La mejor manera de comprar criptodivisas Es importante señalar que en realidad no hay una "mejor" manera de comprar criptodivisas. Simplemente debe elegir el método que sea mejor para usted.

Sin embargo, muchos expertos recomiendan comprar directamente de los intercambios porque son la forma más fácil y segura de comprar criptodivisas. Además, los intercambios también le permiten comprar y vender diferentes criptodivisas entre sí, lo que le permite diversificar sus inversiones fácilmente.

Al comprar en un intercambio, tendrá que abrir una cuenta proporcionando su nombre y dirección. También tendrá que proporcionar una prueba de identificación (es decir, una foto de su carnet de conducir o pasaporte), así que asegúrese de tenerla preparada al abrir una cuenta. Después de verificar su cuenta, puede depositar moneda fiduciaria, como el dólar, en la casa de cambio para comprar criptodivisas al instante utilizando una tarjeta de crédito o una transferencia bancaria.

El proceso de depósito de moneda es similar en todas las bolsas. Sin embargo, hay algunos intercambios que no aceptan moneda fiduciaria, así que asegúrese de comprobarlo de antemano.

Las ventajas de comprar criptodivisas En lugar de minar, comprar criptodivisas ofrece algunas ventajas. La ventaja más obvia es que puedes empezar sin tener que comprar ningún equipo caro. También puede elegir el tipo de criptodivisa que desea comprar e invertir en el momento perfecto. Por ejemplo, si estás interesado en invertir en Bitcoin, puedes comprarlo a precios más bajos cuando esté pasando por una caída y venderlo cuando el precio vuelva a subir.

Esta es una lista de las ventajas de comprar criptodivisas: 1. Compra instantánea Puede comprar la cantidad deseada de criptodivisas al instante. No hay que esperar a que las monedas sean minadas o transferidas.

2. Al comprar criptodivisas de un intercambio o de persona a persona, usted tiene acceso a una amplia gama de criptodivisas basado en lo que está disponible en el intercambio o con la persona que está comprando. Esto le permite elegir qué moneda es la mejor para sus necesidades y cuánto quiere invertir en ella. Como a muchas personas les gusta la emoción de invertir en algo nuevo y desconocido, esto también les da acceso a nuevas criptodivisas a las que no tendrían acceso de otra manera sin comprar primero algo de Bitcoin.

3. Mayor flexibilidad en las transacciones La compra de criptodivisas directamente de un intercambio le da la posibilidad de utilizar cualquier método de pago que prefiera. Por ejemplo, si quiere comprar una gran

cantidad de Bitcoin, a veces puede ser más barato utilizar la transferencia bancaria que otros métodos de pago. Los métodos de pago también se pueden utilizar para hacer compras de forma anónima.

4. Beneficios fiscales Existen beneficios fiscales asociados a la compra de criptodivisas, especialmente si planea mantenerlas durante mucho tiempo y no utilizarlas con frecuencia. Si usted compra Bitcoin y no lo vende durante mucho tiempo, por ejemplo, entonces cualquier ganancia obtenida de esa inversión se grava a la tasa de ganancias de capital a largo plazo, que es mucho más baja que la tasa de ganancias de capital a corto plazo (que normalmente se utiliza para las inversiones mantenidas menos de un año). Las mismas normas fiscales se aplican si compras algo como Ethereum y lo mantienes durante mucho tiempo; cualquier ganancia se gravará al tipo de las ganancias de capital a largo plazo y no al tipo del impuesto sobre la renta. Probablemente no ahorrarás mucho dinero al hacer esto, pero todo ayuda.

Las desventajas de comprar criptodivisas Desafortunadamente, hay desventajas al comprar criptodivisas. La mayor desventaja es el hecho de que necesitas comprarla de un intercambio o de un individuo. Esto significa que tendrá que pasar por una tercera parte, lo que aumenta el riesgo de fraude y otros problemas como los hackeos del intercambio, el fraude en los pagos y la resolución de disputas.

Aquí hay una lista de las desventajas de comprar criptodivisas: 1. No tienes control sobre cómo se almacena tu criptodivisa Si estás comprando criptodivisas de un intercambio o de persona a persona, entonces no tienes control sobre cómo se almacena tu criptodivisa (es decir, si se almacena en una cartera caliente o fría). Tampoco tienes control sobre cómo la almacena el vendedor. A veces la gente almacena sus criptodivisas en los intercambios porque piensan que pueden hacerlo sin ningún riesgo porque confían en el intercambio; sin embargo, esta confianza puede ser errónea ya que los intercambios han sido hackeados en el pasado y los usuarios podrían perder sus fondos debido a esto. Por ejemplo, Mt. Gox fue en su día el exchange más popular para comprar y vender Bitcoin, pero fue hackeado en 2014 y muchos inversores perdieron sus fondos.

2. Las comisiones son mayores cuando se compra criptodivisa en un exchange Hay comisiones asociadas a la compra de criptodivisa en un exchange: los exchanges te cobrarán una comisión por comprar criptodivisa y a menudo también te cobrarán una comisión por retirar la criptodivisa a tu cartera digital o a un exchange de tu elección. Las tarifas dependerán del tipo de criptodivisa, pero a veces pueden ser tan altas como el 5%.

3. Para comprar y almacenar criptodivisas, es necesario tener un monedero digital (es decir, un lugar donde se almacena el código cifrado).

Si usted está comprando de un intercambio o de persona a persona, entonces pueden tener instrucciones sobre cómo utilizar sus billeteras digitales, pero pueden no estar utilizando el mejor método.

4. El proceso de compra de criptodivisas puede ser muy confuso si no sabe lo que está haciendo, así que si es la primera vez que compra criptodivisas, tendrá que investigar sobre cómo funcionan las carteras digitales y cómo utilizarlas.

Los riesgos de comprar criptodivisas A continuación, echemos un vistazo a los riesgos asociados con la compra de criptodivisas.

Riesgo de ser víctima de fraudes y hackeos Desafortunadamente, hay muchas estafas en el espacio de la criptodivisa y usted podría fácilmente convertirse en una víctima si no sabe lo que está haciendo. Los estafadores a menudo trabajan en sitios como Craigslist donde te dirán que quieren comprar tu criptodivisa por dinero en efectivo pero en realidad no tienen intención de pagarte por ella. A veces los estafadores intentan engañar a la gente para que les den la clave privada de su cartera digital y así poder acceder a sus fondos.

Ya sea por un ataque de piratas informáticos o por el tiempo de inactividad del servidor, los intercambios también han sido hackeados en el pasado y los usuarios han perdido sus fondos debido a esto.

Dificultades para retirar la criptodivisa Desafortunadamente, siempre habrá dificultades para retirar la criptodivisa de un intercambio o de persona a persona. Por ejemplo, algunos intercambios/vendedores de persona a persona pueden tener límites de retiro de la criptodivisa que se está comprando o pueden tener una larga lista de requisitos que usted debe cumplir antes de poder retirar su criptodivisa. Los cargos asociados con los retiros también pueden ser muy altos; a veces hasta el 5%.

La criptomoneda vale menos que cuando la compraste Cuando compras una criptomoneda, su precio puede cambiar antes de que puedas venderla. Como se mencionó anteriormente, esto significa que su criptodivisa podría valer menos cuando esté listo para venderla que cuando la compró. Esto se debe a que el precio de una criptodivisa suele fluctuar bastante. Puede bajar o subir, así que si crees que el precio va a subir, entonces en algún momento podría bajar y viceversa.

Si pierdes tu clave privada o si alguien tiene acceso a tu cartera digital, entonces pueden ser capaces de salir con toda tu criptomoneda y no habrá nada que puedas hacer al respecto (a menos que tengas copias de seguridad de tus claves privadas y/o carteras digitales). Por lo tanto, esta es otra razón por la que es importante no almacenar demasiado dinero en un solo intercambio.

Es posible que no pueda vender su criptodivisa a otra persona por dinero en efectivo Esta es otra preocupación que tienen muchas personas cuando compran criptodivisas porque quieren poder cobrar, pero a veces no pueden hacerlo con un individuo o con un intercambio porque no hay un comprador dispuesto a comprarles a un buen precio. Esto se llama "liquidez" en el espacio de las criptomonedas, lo que significa que hay gente que quiere comprar y vender en todo momento; si no tienes liquidez, podrías terminar perdiendo mucho tiempo tratando de vender tu criptomoneda.

Las mejores bolsas para comprar criptodivisas Ahora que hemos discutido las ventajas, desventajas, así como los riesgos de comprar criptodivisas, es el momento de aprender cómo comprar realmente criptodivisas. Uno de los mejores lugares para comprar criptodivisas es a través de un intercambio de confianza, que permite a los usuarios comprar Bitcoin, Ethereum y otras criptodivisas directamente con su moneda local.

Sin embargo, hay muchos intercambios para elegir, por lo que hay que saber cuáles utilizar. En el capítulo 2, hemos mencionado brevemente algunos de los intercambios populares. Ahora, echemos un vistazo a estos intercambios y conozcamos sus principales características:

Coinbase Coinbase fue fundada por Brian Armstrong y Fred Ehrsam, y es el exchange más popular del mundo. Este exchange fue fundado en 2012 y desde entonces se ha convertido en una de las plataformas más confiables para comprar Bitcoin y otras criptodivisas. Coinbase ofrece una interfaz fácil de usar que permite a los usuarios comprar criptodivisas a través de su tarjeta de crédito o cuenta bancaria.

Coinbase tiene su sede en San Francisco, California, Estados Unidos. Esta empresa ofrece la compra directa de criptodivisas a través de su plataforma con muchos métodos de pago, incluyendo PayPal, transferencias de cuentas bancarias, así como tarjetas de crédito. Su principal ventaja es que es muy amigable para los principiantes, con una interfaz sencilla por la que se puede navegar fácilmente. La única desventaja de Coinbase es que tiene unas tasas de transacción muy elevadas al convertir la criptodivisa en tu moneda local. La comisión varía en función del método de pago utilizado para comprar la criptodivisa, y suele rondar el 4% del importe de la transacción.

Si está interesado en comprar criptodivisas a través de Coinbase, puede hacerlo creando una cuenta, proporcionando su información personal, así como una dirección de correo electrónico y un número de teléfono válidos.

LocalBitcoins LocalBitcoins es otra gran opción para cualquier persona interesada en comprar Bitcoin u otras criptodivisas a través de un intercambio sin tener que utilizar un banco o una tarjeta de crédito. Esta plataforma está disponible en casi 200 países de todo el mundo, y ofrece una serie de métodos de pago como la transferencia de dinero en efectivo en el sitio web de LocalBitcoins utilizando el encuentro con alguien en persona y el intercambio de dinero en efectivo por criptodivisas, o incluso pagando con pagos de PayPal o Western Union, y más. También hay algunas opciones de pago avanzadas que ofrece LocalBitcoin, como el envío de una transferencia bancaria o el depósito de dinero en efectivo en un cajero automático.

La mayor ventaja de usar LocalBitcoins es que puedes evitar por completo las comisiones bancarias y de las tarjetas de crédito al comprar criptodivisas a otra persona que quiera venderte algunas. Puedes pagar en efectivo o con otros métodos, en cuyo caso el vendedor puede cobrar una comisión por sus servicios.

Bitstamp Bitstamp es uno de los exchanges más antiguos del mercado de criptodivisas, y permite a los usuarios comprar Bitcoin, Ethereum y otras criptodivisas con su moneda local a través de su plataforma. La principal ventaja de usar Bitstamp es que su interfaz de usuario es muy simple y fácil de usar para los principiantes, por lo que incluso si eres completamente nuevo en las monedas digitales debería ser relativamente fácil usar esta plataforma. También ofrece transferencias rápidas y tiene una baja comisión de negociación al comprar criptodivisas a través de su cuenta de moneda local;

Alrededor del 0% al hacer una compra con su tarjeta de crédito, o entre el 0,05% y el 0,25% dependiendo del método de pago que utilice para comprar su criptodivisa.

Sin embargo, este intercambio tiene algunas desventajas; una de ellas es que no está disponible en todo el mundo, ya que sólo está disponible en Europa y Estados Unidos. Otro inconveniente de esta plataforma es que sólo permite a los usuarios comprar Bitcoin, Ethereum, Litecoin y otras criptodivisas a través de transferencias bancarias; no se aceptan tarjetas de crédito ni pagos en efectivo en su plataforma.

Binance Binance es un intercambio de criptodivisas relativamente nuevo con sede en China, y ofrece a los usuarios una forma increíble de comprar Bitcoin y otras criptodivisas a través de tarjetas de crédito o depósitos en efectivo en cualquier cajero automático del mundo. Esta plataforma se ha vuelto extremadamente popular en los últimos meses debido a su capacidad para proporcionar una interfaz sencilla con información fácil de entender sobre cuánto se puede comprar una determinada moneda en cualquier momento. La mayor ventaja de utilizar Binance es que ofrece una gran variedad de criptodivisas diferentes, por lo que si quieres comprar cualquier otra criptodivisa además de Bitcoin, Ethereum o Bitcoin Cash, puedes hacerlo a través de esta plataforma.

Sin embargo, una de las principales desventajas de usar Binance es que tiene comisiones muy altas al convertir la criptodivisa de vuelta a tu moneda local; hasta un 5% de la transacción podría perderse en comisiones.

Bittrex Bittrex es otro intercambio popular que permite a los usuarios comprar Bitcoin y otras criptodivisas con su moneda local, y se ha hecho muy popular en los últimos años debido a su gran selección de criptodivisas. Sin embargo, uno de los mayores inconvenientes de esta plataforma es que puede ser bastante confusa para los principiantes, y no proporciona ninguna información sobre las tasas asociadas a la transacción. Otra desventaja de esta plataforma es que las personas que se encuentran en algunos países pueden no ser capaces de utilizar este intercambio en función de su ubicación.

Poloniex Poloniex fue fundado por Tristan D'Agosta en enero de 2014 en Delaware, Estados Unidos; ofrece una amplia gama de criptodivisas, incluyendo Bitcoin, Ethereum, Litecoin y muchas más, así como una amplia gama de pares de negociación también. Este intercambio se ha convertido en uno de los más grandes del mundo porque proporciona una gran interfaz de usuario que permite a los usuarios operar fácilmente a través de su plataforma; todo lo que tienes que hacer es crear una cuenta y luego depositar tu criptodivisa en el intercambio, lo que puede hacerse a través de tu cuenta bancaria o tarjeta de crédito, y luego puedes comenzar a operar.

Cómo elegir el intercambio correcto Ahora que conoces algunos de los mejores intercambios para usar, ahora necesitas aprender a elegir cuál es el intercambio correcto para ti. Esta será una decisión muy personal, ya que depende de muchos factores. Sin embargo, hay algunas cosas que se deben tener en cuenta a la hora de elegir un intercambio. Entre ellos se encuentran:

Reputación y reseñas de usuarios anteriores Investiga siempre un intercambio antes de utilizarlo; comprueba lo que otros usuarios dicen de él, e incluso lee reseñas en línea. La reputación es muy importante a la hora de elegir un intercambio porque hay muchas cosas que pueden ir mal cuando se hace una transacción de criptodivisas; si tus fondos se pierden o son robados, entonces querrás saber que el intercambio hará todo lo posible para asegurarse de que tu dinero te sea devuelto. Por lo tanto, asegúrese siempre de que tienen una buena reputación y, si es posible, pida opiniones a otros usuarios para ver cómo fue su experiencia.

Facilidad de uso El segundo aspecto a tener en cuenta es la facilidad de uso del intercambio. Asegúrese de elegir un intercambio que tenga una interfaz fácil de navegar y entender, y si es posible uno que permita a los usuarios comprar criptodivisas con su tarjeta de crédito o cuenta bancaria.

Tasas y cargos por la compra de criptodivisas Otro factor importante a tener en cuenta a la hora de elegir un exchange son las tasas implicadas en la compra de criptodivisas en la plataforma. Comprueba qué tarifas te cobrarán por comprar criptodivisas, porque dependiendo de tu método de pago puede variar mucho; no querrás acabar pagando mucho más que el valor de tu criptodivisa sólo por usar un método de pago. Tenga cuidado con los intercambios que tratan de robar su dinero mediante el cobro de tarifas ocultas o inesperadas después de haber comprado su criptodivisa. Asegúrese siempre de leer todos los detalles sobre cuánto le costará la compra de criptodivisas en el intercambio.

Número de criptodivisas disponibles para la compra También debe mirar el número de criptodivisas que están disponibles para comprar en el intercambio que usted elija. Quieres encontrar un intercambio que ofrezca tantas criptodivisas diferentes como sea posible, porque esto te dará más opciones y elecciones cuando decidas qué criptodivisas quieres comprar.

Soporte al cliente Por último, pero no menos importante, usted debe mirar en el soporte al cliente que es ofrecido por su intercambio de elección. Elija un intercambio que tenga un gran servicio de atención al cliente, porque nunca se sabe cuándo puede tener una pregunta o un problema sobre su transacción de criptodivisas; quiere saber que podrá contactar con alguien si hay un problema o una cuestión.

Guía paso a paso para comprar criptodivisas Ahora, aquí hay una guía paso a paso para comprar criptodivisas.

Paso 1: Determine qué criptodivisa quiere comprar.

Como se mencionó anteriormente, hay muchos tipos diferentes de criptodivisas, y tendrá que averiguar cuáles quiere comprar. Algunas de las criptodivisas más populares son Bitcoin, Ethereum y Litecoin.

Paso 2: Encuentre un intercambio de criptodivisas que le permita comprar el tipo de criptodivisa que desea Hay muchos intercambios de criptodivisas diferentes disponibles hoy en día, pero no todos los intercambios permiten a los usuarios comprar cada tipo de criptodivisa. Por ejemplo, algunos intercambios sólo permiten a los usuarios intercambiar Bitcoin por moneda fiduciaria (USD o EUR), mientras que otros intercambios sólo permiten a los usuarios intercambiar sus criptodivisas por otras criptodivisas. Asegúrese de que la bolsa que elija le permita comprar el tipo de criptodivisa que desee utilizando moneda fiduciaria (es decir, USD o EUR). Si no permite la compra de moneda fiduciaria, entonces su única opción es otro intercambio o comprar la criptodivisa a un individuo o minarla usted mismo. Los principales intercambios que le permiten comprar criptodivisas utilizando moneda fiduciaria son Coinbase, Gemini y Kraken.

Paso 3: Configurar una cuenta en la bolsa Esto se explica por sí mismo: tendrá que crear una cuenta en la bolsa que eligió en el Paso 2 para poder proceder. Para configurar su cuenta, simplemente siga las instrucciones y asegúrese de proporcionar información detallada y precisa sobre usted. Los intercambios de criptodivisas a menudo requieren la verificación de la identidad, así que asegúrese de que puede proporcionar toda la información necesaria antes de seguir adelante. Esto es especialmente importante si tiene un volumen de operaciones bajo o si es la primera vez que compra criptodivisas. Los intercambios de criptodivisas tienen regulaciones estrictas para cada uno de sus usuarios porque no quieren violar ninguna ley o regulación relacionada con la moneda digital.

Paso 4: Deposite fondos en su cuenta de intercambio con moneda fiat (USD o EUR) La mayoría de los intercambios de criptodivisas sólo permiten a los usuarios comprar criptodivisas utilizando moneda fiat (es decir, USD o EUR). Esto significa que primero tendrás que depositar moneda fiat en tu cuenta de intercambio antes de poder comprar cualquier criptodivisa.

Paso 5: Compre la criptodivisa que desee Después de configurar su cuenta de intercambio y financiarla con moneda fiduciaria, ahora puede seguir adelante y comprar la criptodivisa que desee. La mayoría de los intercambios tendrán un simple botón de "Comprar" o "Vender" para las criptodivisas, y proporcionarán un precio actual para cada tipo de criptodivisa. Además, la mayoría de los intercambios mostrarán un gráfico del historial de precios de cada tipo de criptodivisa para que pueda asegurarse de que está recibiendo un trato justo para su compra. Al comprar criptodivisas de un intercambio, es importante recordar que hay tasas de transacción asociadas con cada transacción en un intercambio. Estas tarifas varían dependiendo del intercambio que se utilice, pero algunos intercambios pueden cobrar a los usuarios hasta el 1% de sus transacciones. Por lo tanto, es importante asegurarse de que está recibiendo un trato justo al comprar criptodivisas en un intercambio.

Paso 6: Transferir su criptodivisa a una cartera Después de haber comprado la criptodivisa que desea, el siguiente paso es transferirla a una cartera segura. La mayoría de los intercambios permitirán a los usuarios transferir sus criptodivisas fuera de sus carteras de intercambio después de comprarlas, pero es mejor esperar hasta que haya confirmado que su transacción se ha completado antes de hacerlo. Además, asegúrese de que está utilizando un monedero seguro que le permita controlar sus claves privadas y que no retenga sus fondos. Algunos monederos populares son Jaxx y Exodus. Sin embargo, es importante recordar que un monedero sólo es tan bueno como sus características de seguridad si tiene las claves privadas de las criptomonedas que se almacenan en él. Asegúrate de investigar cada monedero antes de utilizarlo porque hay algunas empresas que roban tus claves privadas y las guardan para sí mismas sin dar a los usuarios acceso a sus monederos. Esto se conoce como "hot wallet hack".

Paso 7: Mantenga su criptodivisa en un monedero seguro Una vez que haya comprado y transferido su criptodivisa a un monedero seguro, nunca debe volver a moverla a un exchange. Usted no quiere ser víctima de otro hackeo de cartera caliente donde los intercambios roban su cryptocurrency de un intercambio. Sólo mueva su criptodivisa fuera de una cartera segura si va a utilizarla para comprar algo o si va a cambiarla por otro tipo de criptodivisa en un intercambio. Mientras su criptodivisa permanezca en una ubicación segura y privada, entonces no hay nada más que deba hacer por el momento.

Comprar criptodivisas a un individuo (de persona a persona) Si no puede encontrar un intercambio que le permita comprar el tipo de criptodivisa que desea, la siguiente opción es comprar a un individuo (es decir, de persona a persona). Hay muchas formas diferentes de intercambiar criptodivisas entre personas, pero el método más popular es utilizar un mercado. Un mercado permitirá a los usuarios crear anuncios para el tipo de criptodivisa que quieren vender, y los usuarios pueden responder a esos anuncios y comprar la criptodivisa al vendedor.

El mercado con los anuncios más populares de persona a persona es LocalBitcoins. LocalBitcoins es un sitio web en el que los usuarios pueden publicar sus propios anuncios para vender o comprar criptodivisas, y tiene una amplia variedad de criptodivisas disponibles en su sitio. Los usuarios también pueden dejar reseñas en los listados de los demás para ayudar a otros a decidir si deben hacer una compra con ese individuo o no.

El principal riesgo asociado a la compra de criptodivisas a un individuo es que no hay seguridad en estas transacciones. Esencialmente estás entregando tus monedas al individuo sin recuperar nada de tu dinero si algo va mal. Si vas a comprar criptodivisas a un particular, es importante que sólo operes con personas en las que confíes y que tengan buenas opiniones en LocalBitcoins.

Otro riesgo potencial es que los usuarios pidan el pago en una criptodivisa diferente a la que están vendiendo. Algunos individuos pedirán el pago en Bitcoin cuando están vendiendo Litecoin, por ejemplo. En este caso, tendrá que convertir su Bitcoin a Litecoin antes de comprar la criptodivisa deseada al individuo.

Convertir su moneda fiduciaria en criptodivisa desde un intercambio Ahora que sabe cómo comprar criptodivisa, puede preguntarse cómo convertir su moneda fiduciaria en criptodivisa. Hay varias maneras de hacerlo, pero la forma más fácil de convertir su moneda fiduciaria en criptodivisa es a través de un intercambio. La mayoría de los intercambios sólo permiten el comercio de criptomoneda a criptomoneda; sin embargo, algunos permiten el comercio de fiat a criptomoneda.

Paso 1:

Encuentre un intercambio que apoye las transacciones de Fiat a Crypto La mayoría de los intercambios sólo apoyan las transacciones de crypto a crypto; sin embargo, hay algunos intercambios que permiten a los usuarios intercambiar moneda fiat por cryptocurrency. Los intercambios más populares que apoyan las operaciones de fiat a cripto son Coinbase y Gemini. Coinbase y Gemini apoyan la compra y venta de criptodivisas en USD, EUR, GBP y CAD. Además, ambos ofrecen una aplicación móvil para que puedas comprar criptodivisas mientras estás en movimiento. Si estás buscando una alternativa a Coinbase o Gemini, Coinmama permite a los usuarios comprar criptodivisas para USD y EUR también.

Paso 2: Deposita dinero en tu cuenta de intercambio Después de registrarte en una cuenta en el intercambio que elegiste, es el momento de depositar dinero en tu cuenta para que puedas hacer una compra. La mayoría de los intercambios de criptomonedas permiten a los usuarios depositar dinero a través de transferencias bancarias; sin embargo, hay algunos que sólo permiten a los usuarios hacer depósitos mediante transferencias bancarias o tarjetas de crédito. Antes de depositar dinero en su cuenta en un intercambio, asegúrese de leer sus normas y reglamentos para asegurarse de que permiten lo que está tratando de hacer.

Paso 3: Encontrar el par de divisas que desea comprar Una vez que haya depositado dinero en su cuenta en el intercambio, es el momento de encontrar el par de divisas que desea comprar (es decir, BTC / USD o ETH / EUR). Si eres nuevo en el mundo de la criptodivisa, hay algunas cosas que debes saber sobre la compra de criptodivisas en una bolsa. En primer lugar, utilice siempre órdenes limitadas al comprar criptodivisas en los intercambios porque le permitirán comprar criptodivisas a un precio específico que usted especifique en lugar de órdenes de compra que sólo comprarán criptodivisas al precio actual del mercado. En segundo lugar, recuerde siempre que al comprar criptodivisas en un intercambio, es posible que los hackers roben su información o que un intercambio sea hackeado y pierda sus criptodivisas; por lo tanto, es importante no mantener demasiados de sus activos en un solo lugar.

Paso 4: Compre su criptodivisa Una vez que haya encontrado el par de divisas que desea comprar, puede comprar su criptodivisa introduciendo su límite de precio y luego seleccionando el botón "Comprar". Una vez que haga clic en este botón, su criptodivisa se colocará en un libro de órdenes y luego se procesará una vez que alguien acepte su orden. Si eres nuevo en la compra de criptodivisas en los intercambios, es importante saber que cobran tasas por cada transacción; sin embargo, estas tasas son generalmente menos del 1% de lo que pagarás por la criptodivisa. Una cosa que hay que recordar sobre la compra de criptodivisas en los intercambios es que la mayoría de ellos no permiten a los usuarios hacer compras con tarjetas de crédito prepagadas o tarjetas de regalo; por lo tanto, si esto es algo que le interesa, puede ser mejor utilizar un método diferente.

Paso 5: Retirar su criptodivisa de su cuenta de intercambio Una vez que su pedido ha sido realizado y procesado, la criptodivisa aparecerá en su cuenta en el intercambio. En este punto, necesita decidir cómo quiere retirar su criptodivisa del intercambio. La mayoría de los intercambios permiten a los usuarios retirar su criptodivisa utilizando una clave privada o introduciendo una dirección que controlan. Si usted controla la dirección a la que está enviando su criptodivisa, entonces es importante asegurarse de que tiene una copia de seguridad de su cartera para que si algo le sucede a su ordenador o teléfono, usted todavía será capaz de acceder a los fondos en su cartera. Una cosa que hay que recordar sobre la retirada de criptodivisas es que la mayoría de los intercambios no permiten a los usuarios retirar criptodivisas por moneda fiduciaria; por lo tanto, si intenta enviar su criptodivisa de vuelta a su cuenta bancaria, lo más probable es que sea rechazada y devuelta.

Convertir su moneda fiduciaria en criptodivisa a través de un cajero automático de criptodivisas Otra forma de convertir su moneda fiduciaria en criptodivisa requerirá que encuentre un cajero automático de criptodivisas y luego siga las instrucciones de la máquina.

A continuación se presenta una guía paso a paso para convertir su moneda fiduciaria en criptodivisa a través de un cajero automático:

Paso 1: Encuentre un cajero automático de criptodivisas en su área Los cajeros automáticos de criptodivisas están apareciendo por todo el mundo, y ahora hay miles de ellos disponibles para que los usuarios compren criptodivisas. Una simple búsqueda en Google debería permitirte encontrar un cajero automático de criptodivisas cerca de ti. Además, CoinATMradar es un gran sitio web que te permite localizar cajeros automáticos de criptomonedas cerca de ti. El sitio web también permite a los usuarios calificar los cajeros automáticos de criptomonedas en función de las características y la fiabilidad de cada uno. Tenga en cuenta que hay diferentes tipos de cajeros automáticos de criptomonedas en existencia hoy en día; algunos de ellos sólo permiten a los usuarios comprar criptomonedas desde sus cuentas utilizando moneda fiduciaria (es decir, EUR, USD, GBP, etc.), mientras que otros permiten a los usuarios comprar y vender criptomonedas.

Paso 2: Cargue dinero en su cajero automático de criptodivisas Una vez que haya localizado un cajero automático de criptodivisas cerca de usted, active la máquina introduciendo su tarjeta de débito o crédito y siga las indicaciones que aparecen en la pantalla. Una vez activado, puede elegir la cantidad de moneda fiduciaria que desea cambiar en criptodivisa. Introduzca la cantidad de dinero que desea convertir, inserte su tarjeta de débito o crédito en la máquina y, a continuación, seleccione el tipo de criptodivisa que desea. Además de comprar criptomonedas con moneda fiduciaria, algunos cajeros automáticos de criptomonedas ofrecen una variedad de otros servicios; por ejemplo, algunas máquinas permiten a los usuarios vender sus monedas digitales a cambio de dinero en efectivo, mientras que otras permiten a los usuarios comprar tarjetas de regalo de los principales minoristas como Starbucks y Home Depot.

Paso 3: Retirar su criptodivisa recién comprada del cajero automático Cuando su transacción se haya completado, el cajero automático de criptodivisas dispensará su criptodivisa recién comprada en una aplicación como Coinbase o Mycelium y luego mostrará un código QR en una pequeña pantalla ubicada en la máquina. A continuación, puede tomar una foto del código QR con su dispositivo móvil y luego transferir su criptodivisa recién comprada a una cartera digital.

Gastar su criptodivisa Digamos que ha decidido invertir en algunas criptodivisas, o que tiene alguna criptodivisa que ha minado. Ahora está listo para gastar su criptodivisa. Desafortunadamente, no hay muchos lugares que acepten criptodivisas como pago. La razón principal es que los sistemas de pago suelen implicar a un intermediario, como un banco o una compañía de tarjetas de crédito. Dado que las criptodivisas son transacciones entre pares, es difícil que encajen en el sistema actual de pagos. La mayoría de la gente utiliza su criptodivisa para cambiarla por dólares u otra moneda fiduciaria, y luego utiliza esos dólares para comprar lo que necesite.

Hay muchas formas de gastar la criptodivisa, pero la mayoría de las que son pertinentes para este libro están relacionadas con la realización de compras y la transferencia de dinero. La criptomoneda está cambiando la forma en que la gente piensa en el dinero, así como la forma en que lo transfieren. La criptomoneda no sólo permite transacciones más seguras entre las partes, sino que también permite una transferencia de fondos entre las partes sin tener que pasar por un tercero como un banco o un procesador de pagos.

Las criptodivisas también pueden utilizarse para realizar compras en los comercios que las aceptan. Aunque esto no es algo que se vea en el día a día, hay algunas personas que se ganan la vida usando criptodivisas. Por ejemplo, algunos comerciantes sólo aceptan criptomonedas a cambio de sus productos o servicios; los ejemplos más conocidos de esto hoy en día son los sitios de juegos de azar en línea.

La criptomoneda también está marcando una gran diferencia en el mundo de la filantropía. Si alguna vez ha intentado hacer una donación benéfica, sabe que puede ser difícil encontrar una organización sin ánimo de lucro que acepte su donación. Sin embargo, con la criptomoneda, es mucho más fácil para los donantes hacer donaciones en beneficio de los necesitados. Por ejemplo, hay organizaciones como United Way y Save the Children que han creado sus propias criptodivisas para que la gente pueda donar directamente a su causa sin tener que preocuparse de pagar las tasas de transacción.

Compras en línea Las criptomonedas son cada vez más populares para las compras en línea; muchos comerciantes ofrecen descuentos si los clientes están dispuestos a utilizar criptomonedas. Debido a esto, se puede encontrar una gran variedad de productos y servicios que se pueden comprar usando criptodivisas.

Transferencias de dinero Además de hacer compras, a la gente le gusta usar criptodivisas porque les permite transferir dinero electrónicamente sin tener que pasar por un banco o cualquier otro intermediario. Esto significa que las transferencias de dinero tardan sólo unos segundos y no hay riesgo de que los fondos se pierdan en el proceso. Además de ser rápida y eficiente, la criptomoneda también proporciona un nivel de privacidad que no se consigue con las transferencias bancarias y otros métodos.

Donaciones benéficas Ya hemos hablado de cómo la criptomoneda está cambiando la filantropía, pero las donaciones benéficas son una de las aplicaciones más importantes porque toman el dinero directamente de los donantes y permiten que se utilice donde más se necesita. Por ejemplo, digamos que quieres donar a United Way pero te preocupa que tu donación no se utilice de forma eficiente. Con la criptomoneda, puedes hacer una donación directamente a United Way y ellos utilizarán tu dinero donde más se necesite.

Procesamiento de pagos Aunque la mayoría de la gente utiliza la criptomoneda para hacer compras y transferencias, algunas personas eligen utilizar criptomonedas para procesar sus propios pagos. Esto puede ser una gran manera de ahorrar dinero. Por ejemplo, digamos que tienes un negocio de reparación de ordenadores y estás buscando un nuevo procesador de pagos; puedes simplemente aceptar criptodivisas como forma de pago de tus clientes. Esto le permitirá eliminar las tasas asociadas al procesamiento de pagos y ahorrarse dinero.

Remesas Las remesas son otra gran forma de utilizar la criptodivisa. Por ejemplo, si está trabajando en un país extranjero y tiene que enviar dinero a su familia, puede utilizar la criptomoneda para hacerlo. Esto se debe a que puede enviar criptodivisas directamente desde su cuenta bancaria y no hay cargos asociados con su uso para las remesas.

Invertir La criptodivisa es una oportunidad de inversión única porque permite a las personas invertir su dinero de una manera segura y que les proporciona la posibilidad de obtener beneficios. Aunque invertir en criptodivisas requiere cierto conocimiento de su funcionamiento, es una opción mucho mejor que muchas otras inversiones que requieren más dinero por adelantado. Por ejemplo, si quieres invertir en bienes raíces o acciones, tienes que poner una gran cantidad de dinero antes de empezar a obtener beneficios;

Sin embargo, con las criptomonedas todo lo que necesitas es una inversión inicial y luego el potencial de ganancias es todo tuyo.

Préstamos entre pares Los préstamos entre pares son una forma de que la gente se preste dinero entre sí utilizando criptodivisas; esto es similar al tipo de préstamo que se hace en un banco, pero en lugar de ir a través de un banco, se conecta directamente con otra persona. Hay muchas plataformas que permiten los préstamos entre iguales, pero la más popular es Lending Club.

Mercados de la red oscura Los mercados de la red oscura son mercados en línea que existen en la red oscura; son muy populares porque permiten a la gente comprar y vender productos que pueden no estar disponibles en su país. Estos productos pueden incluir cualquier cosa, desde drogas hasta armas de fuego, y hay muchos mercados de la darknet que han sido creados específicamente para este propósito.

ICO y OPI Las Ofertas Iniciales de Monedas (ICO) son utilizadas por las startups para financiar sus proyectos, y proporcionan una gran alternativa al modelo tradicional de capital riesgo. El proceso de una ICO es similar al de una OPI, salvo que ofrece a los inversores la oportunidad de comprar monedas en lugar de acciones. Para que una startup pueda lanzar una ICO, necesita crear un libro blanco que describa su proyecto y su visión. También tienen que desarrollar un sitio web que describa los detalles de su proyecto, así como iniciar una campaña de marketing para promocionarlo. Una vez completados estos elementos, estarán listos para su oferta de monedas.

Para llevar a cabo una ICO, las startups crean un "contrato inteligente" que se almacena en la cadena de bloques. Este contrato actúa entonces como un monedero digital que almacena todas las monedas que se emiten durante el proceso de la ICO. Durante este proceso, los inversores envían dinero utilizando "criptomonedas" como Ethereum y Bitcoin a cambio de nuevos tokens o monedas de la startup. Una vez completada la ICO, la startup lanzará su token o moneda al mercado.

Por otro lado, las Ofertas Públicas Iniciales (OPI) son cuando las empresas lanzan sus acciones con el fin de recaudar dinero para la empresa. Se trata de un proceso muy regulado que suele estar reservado a las empresas más consolidadas. La mayoría de las OPI tienen lugar en la Bolsa de Nueva York o en el Nasdaq, y este proceso implica pasar por una empresa de corretaje como Charles Schwab para iniciar el proceso de venta de acciones al público.

Si desea invertir en una OPV, deberá buscar una que ya haya sido anunciada, ya que muchas de ellas ya habrán sido valoradas y vendidas antes de estar disponibles en una bolsa. Una vez que una acción ha sido publicada en una OPI, cotizará en una bolsa de valores como la Bolsa de Nueva York o el Nasdaq. Una OPI puede ser una gran manera de que las personas que no tienen acceso a fondos de capital riesgo inviertan en oportunidades de alto crecimiento, al tiempo que ofrece a los inversores la oportunidad de comprar acciones con un descuento.

La principal diferencia entre una OIC y una OPI tradicional es que una OIC no da a los inversores la propiedad de la empresa en sí. Esto es útil para las empresas emergentes porque les permite recaudar dinero sin tener que renunciar a la propiedad de su empresa. Además, las empresas que han recaudado dinero previamente a través de una ICO a veces celebran futuras ICO para asegurarse más financiación cuando la necesitan.

En una ICO, las empresas ofrecen "tokens" en lugar de acciones de propiedad a través de un intercambio (no una bolsa de valores) y estos tokens pueden utilizarse para realizar transacciones en una futura plataforma que la empresa construirá después de la ICO. Así, en lugar de invertir en una acción de propiedad, se invierte en una utilidad; se compra acceso a algo que tendrá valor en el futuro. Sin embargo, este acceso no viene acompañado de ningún derecho legal.

9

Estrategias probadas en el comercio de Bitcoin

Es innegable que el bitcoin sigue siendo el mercado más caliente. Está más de moda que el comercio de oro, de acciones o de petróleo. La creencia y la confianza de los inversores en la tecnología blockchain de bitcoin ayudan mucho a esta popularidad. Aunque algunos se muestran recelosos de la falta de regulaciones que rigen esta criptografía, la ausencia de un intercambio central hace que los operadores "audaces" confíen más en ella.

Operar con bitcoin para obtener beneficios es una técnica universal de comercio de criptomonedas. Actualmente, hay más de 4.000 criptodivisas disponibles en todo el mundo si te dedicas al trading. Esto ofrece oportunidades ilimitadas de comercio para obtener enormes beneficios. Desde el punto de vista de los comerciantes, es una perspectiva muy emocionante. En cuanto a los principiantes como usted, es importante aprender los trucos lo antes posible y comenzar su viaje hacia el comercio de criptomonedas. Así que, antes de comprar bitcoins, ten un plan y estrategias sólidas, haz un análisis técnico y sigue aprendiendo.

¿Por qué necesitas una estrategia de trading?

Una estrategia de trading es un marco o plan extenso para guiarte en tus actividades de trading. Sirve para mitigar los posibles riesgos financieros eliminando las decisiones innecesarias. Es posible perder su dinero porque, al final del día de negociación, el comercio de bitcoin sigue siendo comercio. No se trata de un esquema Ponzi, sino de un comercio real con moneda digital.

Aunque es obligatorio tener una estrategia de trading, puede ser un salvavidas. En los casos en los que ocurren cosas inesperadas en el mercado, tu plan de trading puede ayudarte a evitar que tomes decisiones impulsivas que puedan conducir a grandes pérdidas. En esencia, le ayuda a reaccionar basándose en la lógica y las razones, y no en sus emociones. Una estrategia comercial puede ayudarle a organizar los planteamientos comerciales en un marco coherente y a utilizarlos en su beneficio. También le ayuda a supervisar y maximizar continuamente sus estrategias.

¿En qué consiste una estrategia de negociación eficaz?

La definición de una estrategia de negociación no es necesariamente estricta y permite una combinación de múltiples estrategias o un enfoque híbrido. Puede personalizar su plan de trading y establecer directrices generales incluso en detalles menores. Pero técnicamente, debe incluir los siguientes elementos

- El tipo de activo con el que operas - Las configuraciones que tomas - Las herramientas e indicadores que utilizas - Los factores que desencadenan tus entradas y salidas - Los elementos que dictan el tamaño de tus posiciones - Las formas de documentar y medir el rendimiento de la cartera Personalizar tu estrategia te ayudará a dominar los trucos del trading en bitcoin. Puedes definir algunas limitaciones y horarios como:

- Nunca operará cuando tenga sueño o esté cansado - Nunca operará durante los domingos - Cerrará sus posiciones los viernes - Sólo operará en determinados días de la semana Estrategias de trading activo Los enfoques de trading activo implican una gestión frecuente de la cartera y una supervisión constante. Requiere invertir más tiempo y atención. Estos son los 4 tipos de estrategias de negociación activa que puede considerar:

Day Trading Este estilo implica la realización de múltiples operaciones cada día de negociación para beneficiarse de los movimientos de precios a corto plazo o intradía. Los operadores diurnos pasan mucho tiempo supervisando los movimientos, abriendo y cerrando posiciones, y terminando todas sus operaciones al final del día.

El concepto de day trading proviene de los mercados tradicionales, en los que la negociación se abre durante periodos específicos del día. Los operadores diurnos no permanecen en posiciones cuando la negociación se detiene. Esta estrategia es ideal para los operadores avanzados y las personas que quieren aprovechar la volatilidad diaria del precio del bitcoin y quieren obtener ganancias a corto plazo. Es muy rentable pero puede ser exigente y estresante para los principiantes.

Operar con la tendencia Esta estrategia se conoce a menudo como operar con la posición porque implica que los operadores tomen una posición que coincida con la tendencia actual. Por ejemplo, si la tendencia es bajista (el mercado está manteniendo una trayectoria descendente o mercado bajista), hay que ponerse corto. Si el mercado manifiesta una tendencia alcista (el mercado alcista o el instrumento está en una tendencia alcista), vaya en largo. Y si observa que la tendencia se vuelve lenta o se invierte, opte por cerrar su posición y abrir una nueva que coincida con la tendencia emergente del mercado.

El mercado en tendencia alcanza constantemente mínimos más bajos o máximos más altos, lo que hace que esta estrategia sea viable. Utiliza el análisis técnico para hacer una conjetura o predecir la dirección del impulso y la tendencia del mercado de criptomonedas tomando nota de las medias móviles a lo largo del tiempo, el oscilador estocástico y el índice de fuerza relativa (RSI). Los operadores de tendencia siempre están al tanto de los nuevos acontecimientos y noticias que pueden influir en el precio del bitcoin.

Se adapta a diferentes marcos temporales, por lo que tiene la opción de mantener su posición abierta mientras la tendencia continúe. Puede suponer mantenerla durante unos meses y tratar de aprovechar las tendencias direccionales. Puede entrar en una posición corta en las tendencias bajistas y en una posición larga durante las tendencias alcistas. Este enfoque hace que los operadores asuman que el activo tendrá un cambio de tendencia. Las operaciones de tendencia son ideales para los operadores principiantes, ya que deben hacer lo necesario, como incorporar las líneas de tendencia, las medias móviles y observar los indicadores técnicos para mitigar los riesgos financieros y aumentar la tasa de éxito.

Swing trading Los operadores de swing tratan de aprovechar el "swing natural" o la volatilidad de los ciclos de precios de bitcoin. Observarían el inicio de un movimiento específico del precio y entrarían en la operación, manteniéndola abierta hasta que el movimiento desaparezca o cuando consigan los beneficios deseados. Este estilo de negociación implica mirar el panorama general, eliminando la necesidad de vigilar constantemente la pantalla del ordenador. Se trata de un enfoque de negociación a largo plazo que requiere mantener una posición durante más de un día, pero no más de varias semanas o un mes.

En muchos sentidos, una estrategia de swing trading se encuentra entre los métodos de trend trading y day trading. Los operadores de swing tienden a combinar factores fundamentales y técnicos a la hora de formular ideas de negociación. El swing trading es adecuado para los principiantes porque requiere un periodo de tiempo más largo, pero lo suficientemente corto como para hacer un seguimiento de las operaciones.

Esto les permite considerar sus opciones y decisiones. Con una estrategia de swing trading, se toman decisiones de forma más racional y con menos prisa.

Scalping Es otra estrategia de day-trading que a menudo se describe como "recoger centavos frente a una apisonadora". El scalping se centra en las operaciones a muy corto plazo. Implica hacer intentos constantes de obtener beneficios sustanciales en pequeñas variaciones del precio del bitcoin. Se basa en el concepto de que intentar obtener pequeños beneficios de forma repetida aporta más ventajas y limita los riesgos. Los scalpers suelen hacer una docena o un centenar de operaciones en un solo día.

El scalping es una de las estrategias de trading más rápidas. No trata de aprovechar las tendencias prolongadas o los grandes movimientos, sino que explota los pequeños movimientos de forma constante. Los scalpers suelen abrir y cerrar sus posiciones en cuestión de segundos. Puede ser una estrategia útil en momentos en los que la ineficiencia del mercado se produce una y otra vez, dando pequeños beneficios. Funciona bien con los mercados de criptomonedas con mayor liquidez. Sin embargo, no se recomienda para los principiantes debido a su naturaleza compleja. El scalping es ideal para los operadores avanzados y los grandes operadores que tienen un conocimiento más profundo de la mecánica de los mercados.

Otras estrategias populares de trading en bitcoin La mejor estrategia de trading en BTC que puedes practicar es aquella que se ajusta perfectamente a tu capital disponible, tolerancia al riesgo y objetivos individuales. Algunos de los operadores más eficaces son:

HODLing HODL es la palabra mal escrita "hold" que es muy popular en los foros de criptocurrency. Fue acuñado en 2013 durante un foro de discusión de bitcoin y no es un acrónimo de una estrategia de trading. Es útil para los principiantes que todavía no están seguros de sus habilidades en el comercio en el mercado bajista.

Muchos traders la describirían como "aguantar por la vida", pero en realidad es una estrategia de bitcoin que consiste en comprar y aguantar. Esta estrategia de trading significa vender su posición para limitar las pérdidas o tomar ganancias cuando las mareas del mercado están mostrando signos adversos significativos. Para detener las pérdidas, puede cerrar todas sus posiciones y esperar el siguiente movimiento de precios.

Cobertura Este estilo de negociación pretende mitigar su exposición al riesgo tomando la posición contraria a la que ha abierto. Es una buena opción si cree que el mercado se mueve en contra de su posición.

La premisa de esta estrategia de negociación consiste en "cubrir su apuesta" haciendo lo siguiente:

- Cubre tu apuesta abriendo una operación que mitigue los riesgos.
- Cubre tu apuesta con futuros de bitcoin o contratos en los que dos partes tienen un acuerdo para intercambiar monedas en una fecha futura específica a un precio determinado. En este acuerdo, usted comerciará con el Bitcoin tanto si el precio ha subido como si ha bajado y ganará o perderá.
- Cubra su apuesta con CFDs o contratos por diferencia. Este contrato financiero permite a los operadores o inversores obtener beneficios de los movimientos del precio sin poseer activos. Así, cuando el precio del bitcoin caiga, los beneficios de su posición corta cubrirán o compensarán sus pérdidas.

- Vende en corto o vende sus bitcoins con la esperanza de que el precio baje pronto para poder volver a comprarlos a un coste menor.

Esta estrategia de negociación es casi similar a la de la tendencia. La única diferencia es que usted comprará o venderá su Bitcoin al principio o al final de las tendencias. Los "puntos de ruptura" se refieren a los niveles rotos al alza o a la baja. Durante estos períodos, el precio se vuelve extremadamente volátil. Los breakouts son esenciales porque establecen nuevos puntos de partida para la volatilidad futura que aumentan sustancialmente el precio del bitcoin.

El truco para hacerlo bien es anticiparse correctamente al siguiente movimiento y entrar en el mercado. Las operaciones de ruptura se basan en el concepto de que la mayor volatilidad comienza cuando el mercado rompe los niveles de resistencia y soporte. Para ello, es necesario comprender los niveles de soporte (suelo) y resistencia (techo). Estos dos elementos son los puntos de precio que impiden que el bitcoin suba o baje.

Hay varias formas de realizar proyectos de ruptura. Incluye indicadores técnicos como el RSI y la divergencia de convergencia de medias móviles (MACD), así como señales de confirmación como el nivel de volumen. Dominar cómo crear órdenes para comprar o vender bitcoin en puntos de precio específicos le ayudará a hacer buenos negocios.

Promedio del coste del dólar Esta estrategia consiste en promediar las compras de bitcoin en determinados intervalos (normalmente meses) mientras el precio sube y baja. Por ejemplo, usted dispone de un capital de 3.000 dólares para comprar bitcoin. En lugar de utilizar esa cantidad para comprar una cantidad correspondiente de monedas, gastas 500 dólares cada mes durante los siguientes 6 meses.

Mes 1 - El precio del bitcoin es de 9k. Compras 500 dólares.
Mes 2 - El precio del bitcoin es de 8k. Compras 500 dólares.
Mes 3 - El precio del bitcoin es de 7k. Compras 500$.
Mes 4 - El precio del bitcoin es de 7.5k. Compras 500$.
Mes 5 - El precio del bitcoin es de 10k. Compras 500$.
Mes 6 - El precio del bitcoin es de 8k. Compras 500$.

Con la acción del precio de 49.500$, tu gasto total es de 3.000$. Usted fue capaz de comprar bitcoin a un costo menor en comparación con el gasto de una suma global durante el primer mes. En esta estrategia, es necesario comprobar los gráficos constantemente para el análisis técnico adecuado. Esto es para asegurar su mejor oportunidad de promediar las monedas que rebotarán a sus picos anteriores o líneas de resistencia. La historia de Bitcoin muestra su capacidad para recuperarse con fuerza después de una crisis importante.

La estrategia correcta y sólida es la clave para el éxito de las operaciones. Debería proporcionarle más posiciones ganadoras y ayudarle a sobrevivir a la intensa competencia. Como principiante, absténgase de adoptar una estrategia basada en apuestas cruzadas, ya que le resultaría demasiado confusa. Un estilo de trading sistemático es su mejor apuesta en esta coyuntura para ayudarle a alcanzar sus objetivos de inversión y de trading con menos errores.

Aquí hay un consejo de los comerciantes de éxito: La mejor estrategia de trading en bitcoin es un 85% de enfoque de acción de precios y un 15% de estrategia de trading en criptomonedas que utiliza un indicador. Este indicador es el On Balance Volume (OBV), principalmente útil para el trading diario. Utiliza una combinación de actividad de precios y volumen para analizar el flujo total de entrada y salida de un instrumento. Básicamente, le dirá la cantidad total de fondos que entran y salen del mercado de criptomonedas.

10

Carteras de criptodivisas

Cuando decida invertir en una criptodivisa, necesitará un monedero. Su cartera es el lugar donde almacena su moneda. Los monederos de criptodivisas son muy similares a los monederos electrónicos tradicionales, pero en lugar de almacenar dinero en efectivo, almacenan criptodivisas.

Dado que están en línea, los monederos de criptomonedas funcionan de forma un poco diferente a las cuentas bancarias o monederos tradicionales. Para empezar, en realidad no guardan nada de tu dinero, simplemente son un lugar donde almacenas tus monedas. Cuando se compra algo con una criptomoneda, como el Bitcoin, por ejemplo, la transacción tiene lugar en la cadena de bloques, lo que significa que se registra en el libro mayor de la cadena de bloques. A continuación, la transacción debe ser verificada por la red de la cadena de bloques antes de que pueda completarse. Este proceso de verificación suele tener lugar en cuestión de minutos u horas; sin embargo, puede llevar días dependiendo de lo ocupada que esté la red. Una vez que la transacción ha sido verificada, los fondos serán transferidos al comerciante o a la persona que realiza la compra.

Definición de Cartera de Criptomonedas Las carteras de criptomonedas se utilizan para almacenar, enviar y recibir moneda digital. La mayoría de estos monederos son dispositivos electrónicos que almacenan datos digitales. En este sentido, los monederos de criptodivisas tienen muchas cosas en común con los servicios de monederos electrónicos estándar ofrecidos por los bancos u otras instituciones financieras. La principal diferencia entre un monedero de criptomoneda y un monedero tradicional es que el monedero de criptomoneda existe completamente en línea.

Un monedero de criptodivisas consta de dos claves: la clave pública y la clave privada. La clave pública es similar a un número de cuenta en un banco; puede presentarse a otras personas o servicios para enviar dinero, pero nunca debe utilizarse para recibir fondos. La clave privada, en cambio, es un código secreto que permite recibir dinero enviado desde la dirección pública de otra persona, como un número de cuenta en un banco. Sin embargo, a diferencia de los números de cuentas bancarias, las claves privadas deben mantenerse siempre en secreto.

Su cartera de criptodivisas también contendrá información sobre la o las criptodivisas que posee. Esta información suele incluir la cantidad de moneda que tienes, así como el historial de transacciones de cada moneda. A veces, también puede incluir otra información personal como su nombre y dirección de correo electrónico.

Los diferentes tipos de carteras de criptodivisas Actualmente hay tres tipos principales de carteras de criptodivisas: carteras de software, carteras web y carteras de hardware. Cada tipo de monedero de criptodivisas tiene sus propios pros y contras, pero las tres opciones son métodos válidos para almacenar su criptodivisa.

Carteras de software Las carteras de software son esencialmente programas que puedes descargar en tu ordenador y utilizar para almacenar tu criptodivisa. Algunas carteras de software también le permiten realizar transacciones, pero la mayoría de estas carteras se utilizan simplemente para almacenar sus monedas. Algunos programas de carteras de software se pueden descargar de forma gratuita, mientras que otros le costarán una pequeña cuota - por lo general alrededor de USD 10 a USD 15. Algunos ejemplos de monederos de software gratuitos son Jaxx y Exodus. Otros ejemplos de carteras de software son Coinbase y MyEtherWallet (MEW). MyEtherWallet es un monedero muy popular entre los usuarios de Ethereum, pero puede utilizarse para almacenar cualquier criptodivisa que se ejecute en la cadena de bloques de Ethereum.

Carteras web Las carteras web son servicios en línea que permiten crear una cuenta y utilizarlas como solución de almacenamiento para su criptodivisa. Funcionan de forma muy parecida a los monederos de software; te permiten acceder a tus monedas desde cualquier dispositivo con conexión a Internet. Los monederos web a menudo tienen un intercambio incorporado que le permite convertir su criptodivisa en otras formas de moneda. Algunos ejemplos de monederos web son Blockchain y Coinbase.

Monederos de hardware Los monederos de hardware son dispositivos físicos que puedes conectar a tu ordenador para almacenar tu criptodivisa. La mayoría de los monederos de hardware le permitirán realizar transacciones, pero la mayoría de estos dispositivos se utilizan principalmente para fines de almacenamiento. Los monederos de hardware también tienen otros beneficios añadidos; al ser un dispositivo físico, pueden almacenarse en lugares más seguros que un monedero de software o web. Por ejemplo, muchas personas optan por guardar su monedero de hardware en una caja fuerte o de seguridad de su banco. Los monederos de hardware incluyen el Trezor y el Ledger Nano S. Almacenamiento en frío y almacenamiento en caliente Aparte de los tres tipos principales de monederos de criptodivisas, también hay una distinción entre almacenamiento en frío y almacenamiento en caliente. El almacenamiento en frío se refiere a las billeteras de criptodivisas que no están conectadas a Internet. Estos tipos de monederos de criptodivisas son a menudo dispositivos físicos o piezas de papel, y se utilizan para almacenar grandes cantidades de moneda digital. El almacenamiento en caliente se refiere a las carteras de criptodivisas que están conectadas a Internet y, por lo tanto, pueden ser utilizadas en cualquier momento. Estos tipos de monederos de criptodivisas suelen ser monederos de software o monederos web, y se almacenan en el disco duro de un ordenador, una memoria USB u otro dispositivo electrónico.

Las ventajas y los riesgos del almacenamiento en frío El almacenamiento en frío es una buena opción para las personas que planean almacenar grandes cantidades de criptodivisas durante largos períodos de tiempo. El almacenamiento en frío también es una buena idea si estás planeando almacenar criptodivisas en un área donde podrían ser robadas o perdidas - como un desastre natural o un incendio. Desafortunadamente, el almacenamiento en frío tiene algunas desventajas; los monederos calientes son mucho más convenientes porque se puede acceder a ellos en cualquier momento. También hay que preocuparse por los daños físicos de los dispositivos utilizados para el almacenamiento en frío, lo que significa que habrá que repararlos o sustituirlos de vez en cuando.

El mayor riesgo es que los dispositivos de almacenamiento en frío son difíciles de utilizar. Los dispositivos de almacenamiento en frío no están conectados a Internet, lo que significa que tendrá que utilizar una herramienta como un cable USB para conectarlos a Internet y enviar o recibir fondos. A menos que tenga experiencia en el uso del almacenamiento en frío de criptomonedas, será difícil saber lo que está haciendo.

Las ventajas y los riesgos del almacenamiento en caliente El almacenamiento en caliente es a menudo más rápido y más conveniente que el almacenamiento en frío porque puedes acceder a tu cartera cuando quieras; sin embargo, si tu ordenador que contiene tu cartera en caliente es hackeado o dañado, toda tu criptodivisa almacenada podría ser robada al instante. Además, siempre existe la posibilidad de que su ordenador se estropee por completo y no pueda acceder a ningún dinero almacenado en su monedero caliente, aunque tenga una copia de seguridad.

Cómo elegir un monedero de criptodivisas Cuando se trata de elegir un monedero de criptodivisas, hay algunas cosas que querrá tener en cuenta. Antes de elegir un monedero de criptodivisas, debes saber qué planeas hacer con tus monedas. Si planeas usar tu moneda digital para hacer compras diarias, como comprar una taza de café en un restaurante local o comprar alimentos en el supermercado, entonces debes usar una cartera de criptodivisas de web o de software.

Si está planeando utilizar su moneda digital para hacer grandes compras, como comprar un coche nuevo o una casa, entonces debería considerar el uso de una cartera de criptodivisas de hardware. Estas carteras de criptodivisas se denominan a menudo carteras de almacenamiento en frío porque no están conectadas a Internet.

Para entender qué tipo de monedero de criptodivisas es mejor para usted, los siguientes consejos pueden ser útiles:

Considere el tamaño de la transacción Si está planeando usar su moneda digital para hacer una compra grande, entonces debería considerar el uso de una cartera de criptodivisas de hardware. Estos monederos de almacenamiento en frío no están conectados a Internet y no pueden ser hackeados. Si está planeando hacer compras más pequeñas con su moneda digital, entonces puede utilizar uno de los otros dos tipos de carteras de criptodivisas - ya sea una cartera web o de software.

Considere el nivel de seguridad Las carteras de criptodivisas web y de software suelen ser menos seguras que las carteras de hardware. Esto se debe a que están conectadas a Internet, lo que las hace más susceptibles a los intentos de piratería. Si desea una mayor seguridad para su moneda digital, entonces debe considerar el uso de una cartera de criptodivisas de hardware en lugar de una de las otras dos opciones.

Considere las formas de acceder a su moneda digital Si planea utilizar su moneda digital para las compras diarias, entonces es mejor utilizar una cartera de criptodivisas en línea o de software. Estos tipos de carteras permiten un fácil acceso a su moneda digital y son fáciles de usar. Si usted está planeando hacer compras más grandes con su moneda digital, entonces usted querrá utilizar una cartera de hardware en su lugar. Aunque estos monederos son un poco más difíciles de usar, son mucho más seguros que los monederos online o de software.

Cómo importar tus claves privadas a un monedero Si ya tienes un monedero de criptomonedas, puedes importar tus claves a este monedero. Importar tus claves significa que puedes acceder a tus monedas sin tener que volver a descargar toda la cadena de bloques. También le proporciona una copia de seguridad de su clave privada si algo le ocurre a su ordenador o al software del monedero.

Si planeas importar tus claves a otro monedero, siempre deberías hacer una copia de seguridad de tu monedero antes de hacerlo. De esta manera, si algo va mal, podrás recuperar tus fondos fácilmente.

A continuación se presenta una guía simplificada paso a paso para importar sus claves privadas a un monedero:

Paso 1: Encuentra tu(s) clave(s) privada(s) Para importar tu clave privada, necesitarás tenerla a mano. Si ha almacenado su clave privada en otro lugar, es posible que tenga que transferirla primero a su ordenador.

Paso 2: Seleccionar el software del monedero Si utiliza un monedero con interfaz de escritorio, deberá instalar el software en su ordenador. Si utiliza un monedero con interfaz web, tendrá que acceder al monedero desde su navegador.

Paso 3: Abra su monedero Abra su monedero y haga clic en "Ayuda". Desde aquí, haga clic en "Ventana de depuración".

Paso 4: Acceda a la pestaña de la consola y ejecute los comandos Ahora que ha abierto la pestaña de la consola, seleccione "Consola" en el menú desplegable. Aquí, introduzca estos comandos en orden: getaccountaddress pw; getnewaddress pw; dumpprivkey pw (donde pw es su clave privada). Esto debería mostrar su clave privada en la ventana de la consola. Cópiala y pégala en el Bloc de notas o algo similar para poder acceder fácilmente a ella más adelante. También puedes exportar la clave privada a un archivo haciendo clic en "Archivo" y luego en "Exportar" y seleccionando el tipo de archivo.

Paso 5:

Crear una nueva dirección Una vez que tenga sus claves privadas, ahora puede crear una nueva dirección. Este es un paso extra que mucha gente se salta, pero es importante. La creación de una nueva dirección le ayudará a asegurarse de que sus transacciones sean más seguras en caso de que alguien acceda a su(s) clave(s) privada(s).

Paso 6: Importar la clave privada a su monedero (método básico) Una vez que tenga su nueva dirección, puede importar sus claves privadas. Si utiliza un monedero que admite la importación de claves, este proceso debería tardar sólo unos segundos en completarse. Así es como funciona:

Inicia sesión o regístrate en el sitio web de tu proveedor de monederos Selecciona "Herramientas" > "Importar" (para la mayoría del software) Pega tu clave privada en el cuadro y haz clic en "Importar clave privada"

Paso 7: Importa la clave privada en tu monedero (método avanzado) Si estás usando un monedero antiguo o si tu monedero no admite la importación de claves, entonces tendrás que usar un método avanzado para importar tus claves privadas. Pero no te preocupes, en realidad es bastante sencillo. Estos son los pasos:

Descarga el código fuente de tu monedero y compílalo Abre tu ventana de terminal Ejecuta el archivo del monedero con el siguiente comando (sustituyendo "wif" por tu clave privada): ./ruta/al monedero wallet.dat --import-wif <wif> Paso 8: Comprueba tu saldo Ahora que has importado tus claves, deberías comprobar tu saldo para asegurarte de que todo ha ido según lo previsto. Puedes hacerlo iniciando sesión en tu monedero o ejecutando el siguiente comando (sustituyendo "path/to/wallet" por la ruta de tu monedero): ./path/to/wallet --list-addresses Paso 9: Borra la(s) clave(s) privada(s) de tu ordenador y vuelve a descargar la cadena de bloques Una vez que hayas confirmado que todas tus monedas están disponibles en tu nueva dirección, debes borrar todas las claves privadas de tu ordenador. Para ello, simplemente bórralas del Bloc de notas o de cualquier otro lugar donde las hayas guardado. A continuación, vuelve a descargar la cadena de bloques y empieza a utilizar tu monedero de nuevo.

Qué ocurre si pierdes tu monedero Si pierdes tu monedero o te lo roban, ya no podrás acceder a ninguno de los fondos que tenías almacenados en él. Si esto ocurre, puede intentar recuperar sus fondos siguiendo ciertos procedimientos, pero éstos no siempre tienen éxito. El procedimiento depende del monedero que hayas utilizado y del tipo de monedero que sea.

Te recomendamos que siempre asegures tus monederos digitales con contraseñas seguras y autenticación de dos factores. Además, deberías hacer una copia de seguridad de tu monedero con regularidad y asegurarte de que está guardado en un lugar seguro.

Esto es lo que puedes hacer para recuperar los fondos perdidos de tu monedero:

Paso 1: Comprueba tu copia de seguridad Si tienes una copia de seguridad de tu monedero, entonces puedes recuperar tus fondos siguiendo los procedimientos establecidos por el monedero. Lo primero que debes hacer es comprobar tu copia de seguridad para asegurarte de que es válida y de que tienes acceso a las claves privadas asociadas a ella. Si no tienes una copia de seguridad, tendrás que considerar otras opciones.

Paso 2: Contactar con el soporte Si tienes una copia de seguridad válida y quieres recuperar tus fondos, ponte en contacto con el personal de soporte del monedero y cuéntales lo sucedido. Si son capaces de averiguar dónde se enviaron tus fondos desde su lado, entonces pueden devolvértelos. Sin embargo, es posible que no puedan hacer esto si no tienen idea de dónde fueron tus fondos después de ser transferidos desde su plataforma. Además, siempre existe la posibilidad de que el usuario que robó tus fondos no sea atrapado o nunca los devuelva (si esto sucede, no hay nada que se pueda hacer).

Paso 3: Contacta con los exchanges Si tu monedero estaba conectado a un exchange, entonces puedes intentar recuperar tus fondos directamente desde el exchange. Sin embargo, si no estaba conectada a ninguna bolsa, entonces es posible que no puedas recuperar tus fondos ya que pueden estar almacenados en una cartera que no está asociada a ninguna bolsa. En este caso, tendrías que encontrar al usuario que robó tu dinero y obligarle a devolverlo. Sin embargo, si ya lo han gastado todo, entonces no habrá nada que puedas hacer al respecto.

Paso 4: Contacta con el/los minero/s Si tu cartera estaba conectada a un pool de minería o a un minero en solitario (en otras palabras, si estás minando criptodivisas), puedes intentar contactar con su personal de soporte y pedirles ayuda para recuperar tus fondos. Por lo general, serán capaces de decirle qué dirección está siendo utilizada por su cartera y desde allí (si son honestos) deberían ser capaces de decirle dónde fueron sus fondos. Si no pueden ayudarle, es probable que ya hayan transferido sus fondos a otro monedero (en este caso, tendrá que ponerse en contacto con el propietario de ese monedero).

Paso 5: Espere a ver si le devuelven los fondos A veces, las personas que han robado fondos pueden devolverlos. Sin embargo, esto no está garantizado y el ladrón puede tardar mucho tiempo en hacerlo. Además, siempre existe la posibilidad de que nunca te devuelvan el dinero (especialmente si ya lo han gastado todo).

Paso 6: Considere el uso de un programa de recompensas Si no puede recuperar sus fondos de ninguna otra manera, puede considerar la posibilidad de publicar un programa de recompensas en sitios web como CryptoCoinTalk. Esto significa que publicarás información sobre tus fondos perdidos y pedirás ayuda para recuperarlos. Puede ofrecer una recompensa de una cierta cantidad de dinero a cualquiera que sea capaz de recuperar sus fondos.

11

Intercambio de criptodivisas

En el capítulo anterior, hemos discutido cómo se puede comprar criptodivisas de un intercambio y algunos de los intercambios más populares en el mercado hoy en día. En este capítulo, discutiremos más sobre los intercambios de criptodivisas.

Los intercambios de criptodivisas son sitios web que le permiten comprar, vender o intercambiar criptodivisas por otros activos, tales como monedas fiduciarias tradicionales, o diferentes criptodivisas.

Este capítulo proporcionará una visión general de los intercambios de criptodivisas y explicará cómo puede utilizarlos para empezar a comprar y vender monedas. También examinaremos las ventajas y desventajas de usar un intercambio, así como los diferentes tipos de intercambios disponibles.

La definición de intercambio de criptodivisas Como se mencionó anteriormente, el intercambio de criptodivisas es un sitio web que le permite comprar, vender o intercambiar criptodivisas por otros activos, tales como monedas fiduciarias tradicionales, o diferentes criptodivisas.

En general, los intercambios de criptodivisas se clasifican como mercados (donde los compradores y vendedores pueden negociar el precio de una criptodivisa) o plataformas de comercio directo (donde los usuarios pueden hacer una orden a un precio específico). También hay bolsas de criptodivisas que sólo permiten intercambiar criptodivisas por otras criptodivisas.

Para utilizar una bolsa de criptomonedas, primero tendrá que registrarse introduciendo sus datos personales y verificando su identidad. A continuación, tendrá que verificar su condición de comerciante, si es necesario.

Una vez registrado y verificado, podrá depositar fondos en su cuenta mediante transferencia bancaria o tarjeta de débito. Las bolsas aceptan depósitos en monedas fiduciarias como el dólar, la libra esterlina, el euro y el dólar de Hong Kong (así como en criptodivisas), que se mantienen en una cuenta bancaria hasta que se solicite su retirada.

A continuación, puede utilizar los fondos depositados para comprar bitcoin o criptodivisas alternativas. También puede utilizar su saldo para cambiar una criptodivisa por otra a través de la plataforma de intercambio. El precio de una criptodivisa viene determinado por la oferta y la demanda, por lo que el precio fluctuará en función de cuántas personas quieran comprar o vender en un momento dado.

Después de completar una transacción, tienes que confirmar tus datos para que se envíe o se venda tu pago. La confirmación de una transacción puede tardar varias horas, dependiendo del tráfico de la red, y la cantidad de confirmaciones que requiera dependerá del tipo de criptodivisa que esté utilizando.

Si lo desea, puede colocar una orden limitada a un precio inferior al del mercado actual y establecer un límite en cuanto a lo que está dispuesto a pagar por sus monedas. Si alguien coloca una orden que alcance o supere su límite, su orden será igualada y ejecutada automáticamente.

Por el contrario, si quiere comprar monedas a un precio superior al del mercado actual, puede colocar una "orden de mercado" que se ejecutará al precio que esté disponible en ese momento. Una vez que la orden se ha ejecutado, puede trasladarla a su "cartera".

Las ventajas de los intercambios de criptodivisas Los intercambios son una forma muy conveniente de comprar y vender criptodivisas, y una vez que entiendas cómo funcionan, también pueden ser una forma efectiva de ganar dinero a largo plazo.

1. Conveniencia La mayor ventaja de usar un intercambio es la conveniencia. Los intercambios han hecho que sea muy fácil para la gente comprar y vender criptodivisas, y usted no necesita ningún conocimiento especial o experiencia para empezar.

Necesitarás un monedero de criptodivisas para almacenar tus monedas, pero no necesitas preocuparte por ningún software o hardware complicado. Todo lo que necesitas es una conexión a Internet y unos minutos de tu tiempo, y podrás empezar a comprar y vender monedas de inmediato.

2. Liquidez Otra ventaja de utilizar una bolsa es que suelen tener mucha liquidez. Esto significa que suele haber muchos compradores y vendedores

disponibles en la plataforma en todo momento, por lo que puedes encontrar fácilmente a alguien que quiera comprar o vender la moneda que quieres. Mucha gente utiliza esta liquidez para aumentar sus beneficios a largo plazo comprando a bajo precio y vendiendo a alto precio en los exchanges.

3. Accesibilidad Los intercambios también son muy fáciles de acceder. No se necesita ningún permiso especial del gobierno para empezar a utilizarlas, y se puede empezar a operar casi inmediatamente después de abrir una cuenta. También es relativamente fácil para los nuevos usuarios que tienen cuentas con bancos o proveedores de pago como PayPal o Skrill depositar sus fondos en sus cuentas.

4. Los intercambios también tienen algunas de las tarifas más bajas de la industria, lo que significa que usted será capaz de obtener un beneficio, incluso cuando usted está pagando la comisión en sus operaciones. La mayoría de las bolsas cobran entre el 0,25% y el 0,5% en comisiones cada vez que usted realiza una operación, pero esto sigue siendo mucho más bajo que las comisiones que cobran la mayoría de las plataformas de inversión y los corredores de bolsa.

5. Seguridad Las bolsas suelen tener medidas de seguridad muy fuertes, lo que significa que tus monedas estarán seguras mientras estén almacenadas en la plataforma. Sin embargo, sigue siendo importante almacenar sus monedas en un monedero seguro que no esté conectado a ninguna bolsa centralizada. También debes asegurarte de no compartir tus claves privadas con nadie más.

6. Los intercambios han hecho que sea muy fácil para la gente empezar a comprar altcoins. De hecho, la mayoría de los intercambios que le permiten comprar Bitcoin automáticamente le permiten comprar otras altcoins también. Todo lo que necesitas hacer es registrarte en una cuenta y depositar algunas monedas en tu cuenta de intercambio, y podrás comenzar a operar al instante.

7. Velocidad de transacción La mayoría de los intercambios tienen velocidades de transacción muy rápidas. En la mayoría de los casos, puede iniciar una operación y completarla en menos de un minuto. Este no es siempre el caso, y puede tomar más tiempo para que ciertas monedas sean transferidas desde su cartera a su cuenta de operaciones. Sin embargo, sigue siendo un proceso mucho más rápido que hacer una transferencia bancaria o enviar una transferencia bancaria a través de un proveedor de pagos en línea como PayPal o Skrill.

8. Amplia Selección de Monedas y Pares de Intercambio Los intercambios son, con mucho, el mejor lugar para encontrar una amplia selección de monedas y pares de intercambio. Esto se debe a que la mayoría de los intercambios enumeran cada una de las monedas que están disponibles en

el mercado hoy en día, así como la adición de otros nuevos sobre una base regular.

Las desventajas de los intercambios de criptodivisas A pesar de todas las ventajas que los intercambios tienen que ofrecer, todavía están lejos de ser perfectos. En esta sección, vamos a ver algunas de las mayores desventajas de usar un intercambio, así como la forma de evitarlas.

1. Comisiones de intercambio Una desventaja obvia de utilizar un intercambio es que todos ellos cobran comisiones por sus servicios. Las comisiones de los intercambios suelen oscilar entre el 0,25% y el 0,5%, pero esto puede afectar seriamente a sus ganancias con el tiempo si no tiene cuidado.

Además de esto, también tendrá que pagar tasas por cada operación que realice, y estas tasas pueden variar de una bolsa a otra. Algunos intercambios también cobran una tarifa plana por cada transacción, que puede ser tan alta como 20 dólares y puede comer seriamente en sus ganancias.

2. Riesgos de seguridad Otra de las principales desventajas de utilizar una bolsa es que no son tan seguras como otros servicios como los corredores de bolsa y las plataformas de inversión. Aunque muchas bolsas tienen medidas de seguridad muy fuertes, esto no significa que sean perfectamente seguras. Las monedas que se compran en una bolsa se almacenan en "monederos calientes" en lugar de en frío, lo que significa que son más vulnerables a los hackers y a otros tipos de amenazas de seguridad que las monedas almacenadas en frío.

Para protegerse completamente de los riesgos de seguridad, deberá transferir sus monedas desde sus monederos calientes a un monedero seguro que no esté conectado al propio exchange. También deberías utilizar un monedero offline como un monedero de hardware o un monedero de papel en lugar de un monedero de software en tu ordenador o dispositivo móvil.

3. Falta de transparencia Otra desventaja de usar un exchange es que no son muy transparentes. De hecho, la mayoría de los intercambios ni siquiera revelan los nombres de las personas que los poseen, lo que significa que no tendrás ni idea de quién los dirige ni de cómo son sus prácticas comerciales. La única forma de estar seguro de los estándares y prácticas de un exchange es leer las reseñas de otros usuarios y hacer tu propia investigación.

4. Aunque la mayoría de las criptomonedas están diseñadas para estar libres de la interferencia del gobierno, esto sigue siendo una posibilidad en algunos países. Por ejemplo, China ha prohibido recientemente todas las ICO y ha restringido los intercambios de criptodivisas en el país, lo que ha tenido un impacto negativo en los volúmenes de comercio y los precios en general. Si este tipo de cosas suceden también en otros

países, entonces podría tener un serio impacto en sus ganancias a largo plazo.

5. Falta de apoyo a las monedas fiduciarias Muchas bolsas han dejado de aceptar depósitos en moneda fiduciaria en los últimos años. Esto significa que tendrá que comprar una criptodivisa alternativa como Bitcoin o Ether y convertirla en las monedas que desee en lugar de simplemente depositar su dinero en efectivo directamente.

Hay algunas excepciones a esto, como Coinbase que acepta moneda fiduciaria para aquellos en los Estados Unidos, pero no es una opción en la mayoría de los intercambios. Como resultado, usted tendrá que comprar una criptodivisa alternativa de un intercambio que ofrece este servicio y luego convertirlo en las monedas que desea en otro intercambio.

Los diferentes tipos de intercambios y sus propósitos Hay muchos tipos diferentes de intercambios de criptodivisas entre los que puedes elegir. Mientras que algunos intercambios están diseñados para facilitar el comercio entre criptomonedas, otros le permiten intercambiar moneda fiduciaria por monedas digitales. Los siguientes son algunos de los tipos más populares de intercambios de criptodivisas hoy en día:

Cambios de fiat a criptomoneda Estos intercambios actúan como una plataforma para el intercambio de monedas fiat por criptomonedas y le permiten comprar monedas utilizando su moneda local. Algunos ejemplos de intercambios fiat-to-crypto incluyen CEX.IO, Coinbase y Coinmama. Los intercambios de fiat a cripto se denominan a veces "intercambios tradicionales", porque le permiten comprar monedas utilizando su moneda local.

Intercambios de cripto a cripto Estos intercambios le permiten intercambiar monedas directamente con otros usuarios, sin necesidad de un intermediario. Algunos ejemplos de intercambios de cripto a cripto incluyen Binance y KuCoin. Estos tipos de bolsas se denominan a menudo plataformas de "comercio directo", porque los usuarios pueden comerciar directamente con otros usuarios sin tener que pasar por un intermediario.

Bolsas híbridas Estas bolsas permiten utilizar tanto moneda fiduciaria como criptodivisas para comprar monedas. En este caso, la bolsa actúa como intermediaria entre compradores y vendedores, y a menudo se lleva una pequeña comisión por cada transacción que se realiza en su plataforma. Algunos ejemplos de bolsas híbridas son Coinbase Exchange y Bithumb.

Los riesgos de comprar criptodivisas en un intercambio Los intercambios son posiblemente la forma más sencilla de comprar y vender criptodivisas. Esto se debe a que el propio intercambio se encargará de cualquier aspecto técnico involucrado en la transacción, como asegurar que ambas partes envíen y reciban monedas al mismo tiempo.

Hoy en día existen muchos intercambios diferentes, algunos de los cuales sólo admiten determinados países o permiten realizar depósitos en monedas específicas. El intercambio también determinará qué criptodivisas puedes comprar y vender.

Sin embargo, es importante recordar que los intercambios no son la forma más segura de comprar criptodivisas. Por ejemplo, tendrás que proporcionar al intercambio tu nombre, dirección y detalles de la cuenta bancaria para hacer un depósito. Esto significa que el intercambio tiene una gran cantidad de información personal sobre usted, que es algo que los hackers querrán tener en sus manos.

Los siguientes son algunos de los riesgos a los que te enfrentarás cuando utilices un exchange.

Ataques DDoS DDoS significa "distributed denial of service" (denegación de servicio distribuida) y describe un ciberataque en el que múltiples servidores inundan el ancho de banda o los recursos de un servidor objetivo, provocando su caída.

Uno de los ataques DDoS más famosos jamás registrados fue el "ataque de la red de bots Mirai", que se produjo en 2016. El ataque tuvo como objetivo un sitio web llamado Dyn, que se encarga de enrutar el tráfico de Internet a sitios web como Twitter, Netflix y Reddit. Como resultado, los usuarios de Estados Unidos no pudieron acceder a estos sitios durante varias horas.

Los ataques DDoS van en aumento y han afectado a las bolsas de criptomonedas en el pasado. En enero de 2018, los hackers atacaron las bolsas de criptodivisas Bithumb y Coinrail mediante ataques DDoS que provocaron pérdidas de miles de millones de wons para Bithumb (aproximadamente 31 millones de dólares) y una cantidad no revelada de wons para Conrail. Estas son algunas de las principales ventajas de utilizar un intercambio: no tienes que preocuparte por los ataques DDoS o por el robo de tus monedas.

Regulaciones gubernamentales Los intercambios de criptomonedas están obligados a obtener una licencia o registrarse con ciertos organismos gubernamentales para poder operar legalmente en un país específico. Por ejemplo, la Unión Europea ha aprobado una legislación estricta que requiere que todos los intercambios de criptodivisas se registren con la Autoridad Europea de Valores y Mercados (ESMA) antes de que puedan ofrecer sus servicios a los ciudadanos de la UE.

En algunos países, los intercambios no están obligados a obtener una licencia o registrarse en un organismo gubernamental para poder operar legalmente. Sin embargo, esto no significa que no estén reguladas: muchas bolsas se han registrado voluntariamente en la Autoridad de Conducta Financiera (FCA) o en otro regulador gubernamental para ganarse la confianza de los inversores y asegurarse de que cumplen con toda la normativa.

Soporte al cliente Cuando compras criptodivisas de un intercambio, entonces puedes necesitar contactar con el intercambio para obtener ayuda si te quedas atascado en el camino. Por ejemplo, puede ponerse en contacto con la bolsa si su cuenta bancaria es rechazada al intentar hacer un depósito o si pierde sus datos de acceso y ya no puede acceder a su cuenta. Sin embargo, no hay garantía de que la casa de cambio pueda ayudarle con estos problemas, especialmente si se trata de una casa de cambio pequeña que no tiene los recursos necesarios para ofrecer asistencia al cliente.

Tipos de cambio Los tipos de cambio también son un problema a la hora de utilizar los intercambios. Por ejemplo, si usted está tratando de comprar un tipo de cripto desde el intercambio, como Ether (ETH), y luego venderlo por otro cripto, como Bitcoin (BTC), entonces usted tendrá que pagar una tarifa de transacción que se calcula en la misma moneda que la transacción original.

Esto significa que si intenta comprar ETH con USD y luego vender su ETH por BTC, entonces tendrá que pagar una tarifa de transacción en USD en lugar de BTC. Como resultado, podrías terminar pagando una tarifa de transacción más alta que si hubieras decidido intercambiar las divisas en otra plataforma dedicada a las transacciones entre divisas, como Binance.

Riesgos de seguridad relacionados con los intercambios Como hemos mencionado anteriormente en esta guía, los intercambios almacenan grandes cantidades de información personal sobre los usuarios al requerir que proporcionen su nombre y dirección al hacer un depósito en su cuenta. Esto significa que los intercambios tienen una gran cantidad de información sensible sobre sus usuarios y se abren a la piratería y a las violaciones de datos.

Por ejemplo, en 2017, un intercambio llamado BitGrail fue hackeado y 17 millones de tokens Nano fueron robados de las cuentas de los usuarios. El principal problema de este hackeo fue que el intercambio no tenía un sistema de seguridad muy avanzado en ese momento, lo que significó que el hacker pudo salirse con millones de dólares en tokens sin ser detectado. Este hackeo condujo a la retirada de todos los tokens Nano de la bolsa y al posterior colapso del precio de los tokens Nano.

Almacenamiento de su criptodivisa en la cartera de su exchange Cuando usted compra criptodivisa de un exchange, tendrá que proporcionar cierta información sobre usted. Esto incluye su nombre, dirección y fecha de nacimiento. Es posible que el exchange que elijas también quiera ponerse en contacto contigo por correo electrónico o por teléfono. Algunos usuarios se sienten cómodos proporcionando este tipo de información a un intercambio, mientras que otros prefieren mantener su identidad privada.

Además, algunas bolsas exigen a los usuarios que proporcionen escaneos de sus documentos de identidad, que luego se verifican manualmente antes de poder empezar a operar.

Las bolsas suelen proporcionarle una dirección de cartera, que es un identificador único utilizado para enviar y recibir criptodivisas. Cuando quiera transferir monedas del intercambio a su monedero personal, sólo tiene que enviarlo a esta dirección de monedero.

Aunque es posible almacenar su criptodivisa en el monedero de su bolsa, es mejor no dejar su moneda en la bolsa durante más tiempo del necesario. En su lugar, sólo debe guardar la cantidad que necesite para operar en el propio intercambio. El resto puede ser transferido a su propia cartera personal para su custodia.

Esto se debe a que el monedero de la bolsa no es un monedero personal, lo que significa que no está diseñado para mantener su criptodivisa durante largos períodos de tiempo. Por lo tanto, sólo debe mantener la cantidad de criptodivisas que necesita en el intercambio para fines comerciales. Una vez que esté listo para transferir su cripto a una billetera personal, ingrese a su cuenta y navegue a la página de "envío" de su cuenta de intercambio. Si el intercambio no proporciona un botón de "envío", entonces puede ser posible navegar directamente a una página donde se puede enviar criptomoneda. Este proceso variará entre los intercambios, pero por lo general es lo suficientemente fácil para cualquier persona para encontrar su camino alrededor de una interfaz con un poco de práctica. Una vez en la página de "envío", podrás introducir la cantidad de criptodivisas que quieres enviar, así como la dirección de tu monedero personal.

También es importante tener en cuenta que necesitarás la contraseña y la clave privada asociadas a tu monedero personal para poder completar con éxito este proceso. Una vez que haya introducido la cantidad de criptomoneda que desea enviar y la dirección de su cartera personal, haga clic en el botón "enviar". Su bolsa generará ahora un código de transacción único, que deberá ser copiado y pegado en la página de "envío" de su cartera personal. Este proceso varía según el monedero, pero suele ser lo suficientemente fácil para que cualquiera pueda orientarse en la interfaz con un poco de práctica. Una vez completada la transacción, puedes comprobar tu monedero personal para ver si ha recibido alguna criptomoneda.

Si el proceso es demasiado difícil, aquí tienes una guía simplificada paso a paso para almacenar de forma segura tu criptodivisa en el monedero de tu exchange:

Paso 1: Inicie sesión en su cuenta de intercambio Esta es la cuenta que creó cuando se inscribió en el intercambio de criptodivisas que eligió. Los detalles de inicio de sesión normalmente se encuentran en el correo electrónico que se le envió cuando se inscribió, o se pueden recuperar utilizando un enlace de restablecimiento de contraseña.

Paso 2: Haga clic en la pestaña "Saldos" La mayoría de los intercambios tendrán una pestaña de saldo o "cartera" que puede utilizar para ver los fondos que ha almacenado en el intercambio.

Paso 3: Seleccione el tipo de moneda que desea transferir Antes de hacer cualquier transferencia, es una buena idea comprobar cuánto de cada moneda ha estado utilizando para su comercio de criptodivisas. Esto le ayudará a calcular la cantidad de cada moneda que realmente necesitará mantener en el intercambio.

Paso 4: Haga clic en "Retirar" y seleccione el tipo de moneda de nuevo La mayoría de los intercambios tendrán diferentes carteras para diferentes tipos de criptodivisas, por lo que tendrá que repetir este proceso para cada moneda que desee transferir desde el intercambio.

Paso 5: Introduzca la cantidad de moneda que desea transferir y la dirección del monedero Antes de empezar a transferir sus fondos, es una buena idea comprobar que está proporcionando la dirección correcta del monedero. En algunos casos, será una larga cadena de caracteres aleatorios. Asegúrese de copiar y pegar esta dirección correctamente, o de lo contrario sus fondos podrían no llegar a su destino.

Paso 6: Haga clic en "Confirmar" y espere a que sus fondos lleguen a su monedero Una vez que haya proporcionado toda esta información, haga clic en "confirmar" para completar su transferencia. Es posible que la casa de cambio le muestre un mensaje indicando cuándo esperan completar la transacción, pero no es raro que los fondos tarden unas horas en llegar.

Paso 7: Repita el proceso si es necesario El proceso descrito anteriormente se aplica a la mayoría de los intercambios, pero puede haber algunas diferencias dependiendo de la plataforma que esté utilizando. Algunas bolsas tienen características más avanzadas que hacen que el proceso sea más rápido y fácil de usar. También es posible que pueda especificar una dirección de cartera diferente para cada transacción.

Cómo elegir un intercambio de criptodivisas En las secciones anteriores hemos descubierto que los cambios son una de las formas más fáciles de comprar y vender criptodivisas. Sin embargo, los cambios tienen muchas desventajas que hacen que sea arriesgado almacenar su criptodivisa en un cambio.

Sin embargo, un intercambio de criptodivisas no es como un banco donde su dinero se almacena de forma segura para usted. En cambio, los intercambios de criptodivisas son plataformas centralizadas que guardan sus fondos en carteras controladas por el propio intercambio.

Hoy en día existe una amplia gama de bolsas de criptomonedas, y no todas son iguales. Algunas plataformas ofrecen acceso a cientos de monedas diferentes, mientras que otras ofrecen mayor seguridad o características y servicios adicionales.

Con esto en mente, antes de elegir un intercambio, hay varias cosas diferentes que debe considerar, incluyendo:

Ubicación Otra cosa que querrá considerar es la ubicación del intercambio. Si vives en un país que tiene regulaciones estrictas sobre el comercio de criptomonedas, entonces es posible que no puedas utilizar ciertos intercambios basados en tu país.

También hay muchos países que han prohibido los intercambios de criptodivisas por completo, lo que podría hacer ilegal el acceso a los intercambios de criptodivisas desde esos países, incluso con una VPN. Asegúrese de que, dondequiera que se encuentre, el intercambio tiene servidores en su país para que pueda acceder fácilmente a sus fondos.

Emparejamientos de Bitcoin Otra cosa que querrás considerar es el número de criptodivisas que ofrece un intercambio. Por ejemplo, si vive en un país que admite la compra y venta de Bitcoin por monedas fiduciarias, entonces querrá comprar en un exchange que ofrezca emparejamientos de Bitcoin con su moneda fiduciaria local. Si no es así, entonces tendrá que comprar Bitcoin en otro intercambio primero antes de transferirlo al intercambio con el emparejamiento que está buscando.

Características de seguridad También querrá considerar las características de seguridad que ofrece un intercambio en línea. Esto incluye la autenticación de dos factores, así como opciones como el almacenamiento en frío y los correos electrónicos cifrados que pueden ayudar a proteger sus fondos de los hackers. También es posible que desee comprobar cuánto tiempo lleva en funcionamiento una bolsa y si ha sufrido alguna vez un hackeo importante en el pasado y qué medidas se han tomado desde entonces para mejorar aún más las medidas de seguridad. Los mejores intercambios que ofrecen las mejores características de seguridad serán capaces de tener la cartera más segura, así como una buena reputación para mantener los fondos de los usuarios a salvo.

Características de negociación También querrá mirar las características de negociación que ofrece un intercambio. Los intercambios más populares ofrecen una amplia variedad de pares de comercio, incluyendo las criptomonedas más populares como Bitcoin, Ether y Litecoin, así como otras monedas que tienen límites de mercado más bajos y son menos populares. Además de esto, algunos intercambios ofrecen herramientas avanzadas de comercio que pueden ayudarle a hacer operaciones más rápidas y más rentables, lo que puede ser muy útil para los operadores de criptodivisas con experiencia.

Tarifas de transacción Otra cosa que querrás considerar son las tarifas de transacción que cobra un intercambio, incluyendo las tarifas de depósito, las tarifas de retiro y las tarifas de negociación. Los mejores intercambios tienen tarifas de transacción bajas, especialmente cuando se trata de retiros y depósitos. Esto puede ayudarle a evitar tener que pagar grandes sumas de dinero sólo para mover sus monedas de un lugar a otro.

Métodos de pago soportados Otra cosa que querrá considerar son los métodos de pago soportados por un intercambio. Los mejores intercambios ofrecen soporte para tarjetas de crédito y débito, así como PayPal y transferencia bancaria. Esto puede ayudar a reducir la cantidad de tiempo que toma para que sus fondos lleguen a su cuenta, mientras que también garantiza que todas las transacciones son seguras y legítimas. Sin embargo, algunos intercambios que ofrecen una amplia gama de monedas pueden no aceptar ciertos métodos de pago, por lo que si sólo está buscando ciertas monedas, entonces usted querrá asegurarse de que el intercambio tiene un emparejamiento para la moneda que desea antes de registrarse.

12

Banca con Bitcoin

La red bitcoin tiene su propio sistema operativo y no necesita ningún sistema bancario existente. Las criptomonedas, incluido el bitcoin, son creadas en el ciberespacio por "mineros" o personas que resuelven complejos algoritmos en sus ordenadores. Estos algoritmos sirven para verificar cualquier tipo de transacción de Bitcoin.

Una parte integral del uso de la criptodivisa es el almacenamiento o cartera digital. Estos monederos electrónicos o virtuales son un elemento vital de la infraestructura de las criptomonedas que permite el movimiento de fondos a través de la red blockchain.

Tu monedero bitcoin El monedero bitcoin sirve como banco virtual que almacena y protege tu criptodivisa. Es análogo a un monedero físico o a una cuenta bancaria tradicional. Su monedero de criptomonedas es la herramienta que utiliza para interactuar con la red blockchain. Puede generar la información necesaria para sus transacciones, permitiéndole transferir o recibir criptodivisas.

La cartera viene con una dirección específica que es única para cada usuario. Es un identificador alfanumérico que se genera previamente en base a tus claves públicas y privadas. La dirección es tu ubicación en la red blockchain a la que se pueden enviar criptomonedas. La clave privada te da acceso a tu saldo de bitcoins. Así, en caso de que pierdas tu smartphone o tu PC se vea comprometido por alguna razón, puedes seguir abriendo tu cuenta de criptomonedas iniciando sesión desde nuevos dispositivos.

En esencia, este monedero digital guarda tu saldo de bitcoins, no la representación física real de las monedas. Almacena tu dirección de bitcoin y la clave de seguridad privada que te permitirá acceder a la cadena de bloques de bitcoin. Cada vez que realizas un pago o una transferencia de fondos, el monedero utiliza tu clave para firmar digitalmente la transacción y demostrar la propiedad de las monedas. Es lo que se conoce como UXTOs o salidas de transacciones no realizadas.

Esta interfaz electrónica para su bitcoin puede ser una cuenta con un servicio de intercambio o un software en su dispositivo móvil/ordenador. También puede ser un monedero de papel o un dispositivo de hardware que funciona con un software en tu ordenador. Muchos de los monederos que soportan bitcoin también se pueden utilizar otras monedas digitales como Litecoin y Ethereum.

Ventajas y desventajas Ventajas - Almacenamiento seguro de bitcoin y otras criptodivisas - Flexibilidad para mantener las monedas en línea y accesibles o fuera de línea y seguras - Capacidad para comprar o vender monedas y aprovechar las fluctuaciones del mercado Desventajas - La configuración de algunas criptocarteras es un poco compleja - Algunos intercambios asociados con las carteras cobran altas tarifas de transacción - Las carteras de hardware no son gratuitas Las criptocarteras se clasifican como carteras calientes o carteras frías en función de su mecanismo de funcionamiento.

Monedero caliente Un monedero caliente es cualquier tipo de monedero de criptomonedas que está conectado a Internet. Sirve como herramienta para permitir a los usuarios enviar y recibir tokens. Generalmente, la configuración, el acceso y la aceptación de tokens son más convenientes cuando se utiliza una cartera caliente. Las desventajas, sin embargo, son las posibles vulnerabilidades técnicas, la susceptibilidad a los hackers y la posible regulación.

Aunque existen ciertos riesgos cuando se utiliza un monedero caliente para su bitcoin, es una opción popular porque es fácil de usar para facilitar las transacciones básicas. Las existencias en su cartera son transferibles a cualquier persona a través de Internet. También es importante recordar que la seguridad de su monedero caliente depende en gran medida de su comportamiento.

No almacene todos sus activos digitales o tenencias en su hot wallet porque incluso con clave de seguridad y protocolos de seguridad, es muy vulnerable a los ciberataques y hackeos. Muchos criptoinversores experimentados sólo almacenan una pequeña porción de bitcoin en su cartera, lo que no interesa a los hackers por el reducido número de tokens a robar. Una buena regla a seguir es guardar la cantidad que se piensa gastar en un determinado periodo. El resto debe guardarse siempre en un monedero frío.

Hay varios tipos de hot wallets para usuarios e inversores de criptomonedas. La mayoría de los monederos calientes son de descarga gratuita y accesibles a través de sus teléfonos móviles. Sólo tiene que seleccionar una que se ajuste a sus necesidades y deseos. Simplemente instálela, regístrese y comience a utilizarla. También hay algunos tipos que están especialmente diseñados en asociación con aplicaciones web específicas de criptomonedas o móviles.

- Monederos de intercambio Los monederos de intercambio son monederos de criptomonedas en su cuenta. Cuando creas una cuenta en cualquier exchange y compras monedas, éstas irán inmediatamente a la cartera de la cuenta. No necesitas descargar, instalar y gestionar tu propio programa de monedero bitcoin. Esta configuración también elimina la necesidad de tener un monedero de copia de seguridad o de preocuparse por la pérdida de sus activos cuando olvida la contraseña o pierde las copias de los archivos de su monedero. Puede recuperar fácilmente la contraseña de su cuenta mediante el proceso de recuperación de la cuenta y acceder a su Bitcoin iniciando sesión en su cuenta.

- Monederos web Un monedero web es un almacenamiento online basado en un sitio web. Requiere que abra una URL antes de poder acceder al monedero. Normalmente, utiliza un sistema de cuenta de acceso con un nombre de usuario y una contraseña. Puedes acceder a tu saldo de bitcoins desde cualquier lugar, utilizando tu dispositivo móvil o cualquier navegador. Es de fácil acceso y no requiere instalar nada. Puede parecer muy cómodo, especialmente para los usuarios inexpertos y principiantes, pero un monedero web puede ser arriesgado. Además, no es muy seguro porque se accede al monedero en un servidor centralizado a través de un navegador web, que es el objetivo favorito de los hackers.

Además, los monederos web no cuentan con mecanismos de intercambio dentro del monedero, a diferencia de otros tipos de monederos. Usted no tiene control sobre su clave privada (o frase secreta), lo que obviamente significa que está confiando a un tercero el control y la protección de sus activos. Para solucionar este problema, muchos monederos web permiten ahora a los usuarios gestionar sus claves de forma exclusiva o mediante un control compartido (multifirma).

Los monederos web funcionan mejor para las transacciones avanzadas de compra y venta o para ciertos intercambios centralizados. Algunos ejemplos de monederos web son MyEtherWallet, MetaMask y MyCryptoWallet.

- Monederos de software Los monederos de software son los más cómodos de usar. La mayoría de las carteras de software necesitan estar conectadas a Internet para acceder a los fondos de criptomonedas. También se distinguen por las plataformas de software como Mac,

Windows y otros sistemas operativos, así como por los conjuntos de criptodivisas compatibles.

Vienen en varias formas, como programas informáticos que almacenan criptomonedas en su PC (carteras de escritorio), aplicaciones para teléfonos inteligentes (carteras móviles), o carteras en línea (carteras web). Cada uno de estos monederos tiene sus propias características que facilitan los movimientos de fondos de un usuario a otro.

Un monedero de escritorio es un software que te da el control total de los fondos y las claves. Al generar un nuevo monedero de escritorio, se almacenará un archivo "wallet.dat" en su ordenador. Este archivo local contiene la información de la clave que puede utilizar para acceder a su criptodirección y le permite cifrarla mediante una contraseña personal. Una vez encriptado el monedero de escritorio, deberá proporcionar su contraseña para ejecutar el software y permitirle leer los archivos del monedero. Es crucial hacer una copia de seguridad de tu archivo y guardarlo en un lugar seguro. Si pierdes el archivo u olvidas la contraseña, perderás el acceso a los fondos cuando tu ordenador deje de funcionar. Por otra parte, exportar la frase de inicio o la clave privada le permite acceder a su saldo digital en otros dispositivos. Asegúrate de que tu ordenador de sobremesa está limpio de malware y virus antes de configurar o utilizar el monedero.

El monedero de escritorio funciona como su dirección para recibir y enviar Bitcoins. También le permite almacenar su clave privada. Algunos ejemplos de monederos de escritorio son Electrum, Hive OS X, Bitcoin Core y Multibit.

Un monedero móvil está diseñado para aplicaciones de smartphone. Le permite recibir o enviar Bitcoin utilizando códigos QR. Es adecuado para los usuarios que realizan transacciones diarias en las tiendas físicas que aceptan criptodivisas como pago. Pero debido a que los dispositivos móviles también son vulnerables a la infección de malware y otras aplicaciones maliciosas, necesitas encriptar tu monedero móvil con una contraseña fuerte. También hay que hacer una copia de seguridad de la frase de inicio (clave raíz) o de la clave privada en caso de que se pierda o se rompa el smartphone.

Se trata de aplicaciones descargables que están conectadas a una bolsa de criptomonedas concreta. Esto significa que tienes el control principal de tus criptoactivos y tus claves privadas. Puedes tenerla instalada en tu escritorio o en tu móvil.

Los monederos móviles funcionan como los monederos de escritorio, pero son más funcionales cuando se paga en tiendas físicas a través de la comunicación de campo cercano (NFC) escaneo de códigos QR o "touch-to-pay". Estos monederos pueden ser compatibles con Android o iOS.

Ejemplos de monederos móviles son Hive Android, Bitcoin Wallet y Mycelium Bitcoin wallet.

B. Monedero en frío Los monederos en frío no están conectados a Internet. Utilizan un medio físico para mantener las claves de los usuarios fuera de línea, evitando el riesgo de intentos de hackeo. También se denominan monederos fríos y son adecuados para los HODlers o los inversores en criptografía a largo plazo.

Usted sólo conectará su monedero frío a Internet cuando necesite realizar transacciones. Hay dos tipos populares de monederos fríos: los monederos de hardware y los monederos de papel.

- Los monederos de hardware son la opción más segura, ya que son prácticamente inmunes a cualquier forma de ciberataque. Almacenan los bitcoins en un dispositivo físico y electrónico que se conecta a tu ordenador a través de un puerto USB. Tus claves personales se guardan en este equipo que no está conectado a Internet.

Aunque los monederos de hardware tienen mayores niveles de protección contra los ciberataques, pueden estar en riesgo cuando la implementación del firmware es incorrecta. Además, son menos fáciles de usar, ya que supone una mayor dificultad para acceder a sus fondos. Para solucionar este problema de falta de accesibilidad, puede utilizar herramientas que le ayuden a conectar su monedero de hardware a la interfaz del navegador de su plataforma de comercio preferida.

Este tipo de carteras de criptomonedas no son gratuitas y le costarán entre 100 y 200 dólares. Un monedero de hardware es tu mejor opción si tienes grandes cantidades de bitcoin o quieres mantener tus activos digitales durante un largo periodo.

- Los monederos de papel son mecanismos fuera de línea para almacenar bitcoin o cualquier ficha digital y ayudan a facilitar todas las actualizaciones del libro mayor de la cadena de bloques cada vez que se realizan nuevas transacciones. Al igual que los monederos calientes, utilizan claves públicas y privadas para acceder a los fondos. A diferencia de los monederos calientes, los monederos de papel no necesitan conexión a Internet.

Los usuarios que quieran crear un monedero de papel tienen que visitar un sitio generador de monederos para crear las claves y los códigos QR correspondientes. Pueden imprimir sus claves privadas en forma de códigos QR en un trozo de papel y escanear los códigos para ejecutar las transacciones. Algunos sitios web permiten descargar los códigos de los monederos de papel para generar nuevas claves y direcciones, lo cual es extremadamente vulnerable a los ataques de piratería informática en línea.

Los monederos de papel fueron considerablemente populares durante los primeros años de Bitcoin, pero ahora son considerados obsoletos y poco fiables por algunos usuarios de criptomonedas debido a sus numerosos defectos. Una de las principales desventajas de los monederos de papel es que es necesario enviar todo el saldo en una transacción y no permite el envío parcial de fondos. Los tipos más populares de monederos móviles son Hive Android, Bitcoin Wallet y Mycelium Bitcoin wallet.

El almacenamiento de cripto en el monedero de hardware requiere el envío de los fondos desde el monedero caliente a la dirección pública de su monedero de hardware. Para transferir bitcoin desde un monedero de hardware o dirección de intercambio, es necesario conectarlo a Internet a través de un software dedicado y firmar la transacción utilizando su clave privada.

Para enviar bitcoin desde su monedero de papel, necesita importarlo a su monedero caliente. Esto se hace escaneando las claves privadas para permitir las transacciones.

¿Cómo elegir un monedero digital?

La elección del tipo de monedero de bitcoin que desea utilizar depende enteramente de sus necesidades y preferencias. Si usted es un consumidor habitual de Bitcoin, una buena opción es mantener sus criptomonedas en un monedero web o móvil. Si quiere comprar y mantenerlos, necesita un monedero frío. También es importante elegir un monedero que no esté custodiado. Esto significa que sólo usted tiene acceso a las claves privadas de su cuenta. Esto le da un control completo sobre sus criptoactivos.

También es importante comprobar los factores esenciales que los diferencian, como los costes, las medidas de seguridad y los estándares operativos. Lea los comentarios de los clientes y las opiniones de los mejores y más brillantes del sector para ayudarle a encontrar el perfecto para sus fondos virtuales. Una de las consideraciones más importantes es la seguridad, así que asegúrese de elegir una cartera que cuente con amplios protocolos de seguridad y en la que confíen muchos criptoinversores. También es mejor elegir una que funcione bien con los intercambios más grandes porque le ayuda a completar varias transacciones en el mercado abierto rápidamente.

La compra de una cartera de criptomonedas puede costar desde 0 hasta más de 200 dólares, dependiendo del proveedor. Si elige un monedero proporcionado por el intercambio que elija, se le cobrará una tarifa plana o un cierto porcentaje del valor total de su transacción.

- Los principiantes deberían considerar elegir un monedero Bitcoin que ofrezca tarifas de transacción muy bajas. Las mejores opciones para los operadores sin experiencia son Coinbase, Robinhood y SoFi. Para aquellas personas con fuertes conocimientos de inversión, las mejores opciones son Exodus, Robinhood y SoFi.

- Los entusiastas serios deberían buscar una cartera de criptomonedas dedicada con características mejoradas y protocolos de seguridad añadidos. Entre las opciones sólidas están Trezor, Coinbase, Exodus y Ledger.

- Los usuarios experimentados de criptografía que se sienten cómodos haciendo transacciones en sus ordenadores deberían optar por carteras de hardware. Ellos pueden navegar fácilmente por la compleja naturaleza de los dispositivos de almacenamiento fuera de línea como Ledger y Trezor.

¿Cómo cobrar el monedero de bitcoin?

En el mundo de las criptomonedas, no puedes convertir tus monedas directamente, pero puedes venderlas de forma anónima en la red blockchain por monedas fiduciarias. También puede solicitar la ayuda de un criptointercambio para gestionar la transacción y encontrar compradores para su bitcoin. Una vez finalizada la venta de bitcoins, hay que esperar de 1 a 3 días para la transferencia de la moneda fiduciaria a su cuenta bancaria. Cada tipo de monedero sigue reglas y plazos de transferencia diferentes.

Las funciones esenciales de las copias de seguridad Perder el acceso a su monedero es un inconveniente y puede ser costoso, por lo que siempre es mejor tener una copia de seguridad. Se puede conseguir haciendo una copia de seguridad de tus frases semilla o de los archivos wallet.dat. Las frases semilla son como llaves raíz que generan y te dan acceso a las direcciones y llaves de tu criptobilletera. Si eliges encriptar tu contraseña, asegúrate de respaldarla también.

Para los propietarios individuales de criptomonedas, la gran posibilidad de perder las claves privadas es siempre un riesgo. El peligro es mayor para los inversores institucionales, que toman grandes medidas para proteger sus activos digitales a toda costa. Muchos de ellos distribuyen partes de sus inversiones en criptomonedas en unidades de almacenamiento en varios lugares que incluyen soluciones de custodia.

¿Qué son las soluciones de custodia?

Las soluciones de custodia se refieren a los sistemas de almacenamiento y seguridad proporcionados por proveedores independientes. Esta última innovación en el ecosistema de las criptomonedas puede albergar cantidades muy grandes de tokens. Se espera que atraiga más entrada de capital institucional a la industria de las criptomonedas. Otro punto de venta de las soluciones de criptocustodia es la regulación. La SEC exige a los inversores institucionales, como los bancos, las asociaciones de ahorro y los agentes de bolsa registrados con más de 150.000 dólares de activos, que almacenen sus tenencias con un "custodio cualificado". Otras entidades que se incluyen en esta categoría son las instituciones financieras extranjeras y los futuros comisionistas.

Uno de los actores emergentes en el sector de las soluciones de custodia es Coinbase. Esta popular bolsa de criptomonedas está realizando varias adquisiciones recientemente, entre las que se encuentran el corredor registrado Keystone Capital en California y el proveedor de almacenamiento Xapo. Otro nuevo actor en el espacio de la custodia es el banco suizo Vontobel. Ha lanzado el programa Digital Asset Vault, cuyo objetivo es atraer a los inversores institucionales al espacio de las criptomonedas.

¿Cómo protegen las soluciones de custodia sus fondos virtuales?

Las soluciones de custodia se dirigen a los titulares de fondos de cobertura o a los inversores institucionales con grandes cantidades de criptodivisas como el Bitcoin. Trabajan para incorporar una combinación de almacenamiento en caliente y almacenamiento en frío. Este método se denomina almacenamiento en bóveda y los inversores pueden acceder a él utilizando sus claves privadas.

El futuro de las soluciones de criptocustodia Las soluciones de custodia tienen un crecimiento exponencial desde su creación debido al creciente interés y confianza de los inversores y analistas institucionales. Consideran esta opción como un puente vital entre el cambiante espacio de las criptomonedas y el mercado de inversión tradicional. En la actualidad, hay dos acontecimientos que pueden afectar a su futuro: la entrada de grandes actores y la claridad normativa.

La posible entrada de nombres establecidos podría agitar este nuevo mercado y llevar a diseñar u ofrecer diversos servicios de custodia. La otra evolución tiene que ver con la ausencia de organismos reguladores sobre los criptointermediarios. Se cree que la evolución de la industria sólo tendrá lugar cuando los reguladores intervengan para establecer directrices.

Los mejores monederos de criptomonedas del mercado No todos los monederos y dispositivos de almacenamiento son iguales, por lo que es necesario comprobar sus características individuales, incluida la capacidad de almacenar grandes cantidades de criptomonedas. Aquí están algunas de las mejores y más confiables billeteras y dispositivos de almacenamiento de Bitcoin basados en diferentes categorías.

Lo mejor para los principiantes: Exodus Exodus es un monedero caliente que es perfecto para los principiantes debido a su interfaz fácil de navegar y características de apoyo. Viene con un intercambio incorporado y herramientas útiles enfocadas al inversor que puedes usar para familiarizarte con el espacio de las criptomonedas. La característica que define a Exodus es la capacidad de intercambiar entre el creciente número de criptodivisas. En la actualidad, Exodus permite intercambiar entre más de cien criptodivisas diferentes.

Es un monedero tanto para ordenadores de sobremesa/portátiles como para móviles, lo que permite almacenar e intercambiar bitcoins directamente en la aplicación o en el ordenador. Este monedero de código cerrado no requiere la configuración de una cuenta. Obtienes una clave privada para acceder a tus criptomonedas. Asegúrate de tener una copia de seguridad para garantizar la seguridad de tus activos en caso de que el ordenador o el teléfono mueran o sean robados. Viene con una tarifa automática establecida para asegurar transacciones rápidas y convenientes. Hay una opción para establecer una tarifa de transacción personalizada si lo necesitas.

Pros - Aplicación de escritorio que soporta más de 125 criptodivisas - Interfaz de alta calidad y atractiva - Intercambio integrado - Compatible con el monedero de hardware Trezor - Gran atención al cliente - Sin coste Contras - Sin autenticación de dos factores - Software de código cerrado que plantea algunas preocupaciones de seguridad para los usuarios avanzados Lo mejor para los usuarios más avanzados: Electrum Electrum se considera un monedero de bitcoin pionero. Ha sido confiada por muchos comerciantes e inversores de criptomonedas desde 2011, que es 2 años después de la creación de Bitcoin. Es un monedero caliente con una interfaz de usuario sencilla y comprometida con el uso de bitcoin. Este monedero de código abierto se adapta a los usuarios avanzados debido a sus complejas características que permiten personalizar las tarifas de las transacciones. Electrum también le permite determinar el nivel de seguridad que desea utilizar para salvaguardar sus activos digitales. Puede utilizar un monedero estándar con autenticación de 2 factores, un monedero con múltiples firmas o utilizar palabras personalizadas para su frase de inicio. También viene con una función opcional que le permite seleccionar entre Bitcoin y Segwit.

Pros - Gratuito - Mayor nivel de protocolos de seguridad que otros monederos calientes - Compatible con el monedero de hardware de Ledger y Trezor Contras - Sólo funciona para bitcoin - Interfaz básica - No tiene intercambio integrado - No tiene soporte al cliente Mejor para usuarios con grandes activos de criptodivisas: Trezor Si buscas un monedero hardware con mayores protocolos de seguridad, Trezor es la opción ideal. Los mantiene seguros en todo momento con sus características de autenticación multifactor. Este monedero frío es compatible con más de 1.000 criptodivisas. Se conecta fácilmente a tu smartphone u ordenador.

El modelo de nivel introductorio cuesta 60 dólares, mientras que la segunda generación de Trezor Model T cuesta 193 dólares. El modelo actualizado puede almacenar más criptomonedas, tiene una mejor interfaz, una pantalla táctil, una ranura para tarjetas microSD y otras características útiles para realizar transacciones sin problemas. También permite a los usuarios acceder a intercambios de terceros directamente en la interfaz del sitio web.

No pierdas este monedero de hardware ni tu información de recuperación como el PIN, la semilla de recuperación o la contraseña para evitar perder tus criptomonedas para siempre.

Pros - Intercambio incorporado - Funciones de seguridad más estrictas - Almacenamiento seguro fuera de línea - Interfaz de usuario basada en la web - Una enorme lista de criptomonedas compatibles - Software de código abierto - Almacenamiento ilimitado Lo mejor para los usuarios de móviles: Mycelium Mycelium es la elección unánime de los usuarios que prefieren utilizar sus smartphones para las transacciones de criptomonedas. Este software de código abierto sólo para móviles soporta Bitcoins, ETH, tokens FIO y tokens ERC-20. Viene con intercambio incorporado y permite a los usuarios establecer tarifas personalizadas para cada transacción. También admite el almacenamiento en frío fuera de línea, perfecto para aquellos que quieren almacenar Bitcoin durante un período más largo mientras usan la interfaz de la billetera para monitorear sus tenencias.

Es un popular monedero caliente para dispositivos iOS y Android. Mycelium funciona mejor para los usuarios de criptomonedas experimentados que prefieren las transacciones basadas en códigos QR, el control exclusivo de las claves privadas y el almacenamiento seguro sin conexión. Su instalación es gratuita.

Pros - Intercambio integrado - Compatible con otros monederos de hardware como Ledger, Trezor y KeepKey - Tasas de transacción personalizables - Descargable y gratuita - Características de seguridad muy altas - Conveniente para el intercambio, la transferencia y el pago de criptomonedas Contras - Uso móvil solamente - Una interfaz un poco confusa para los usuarios primerizos Mejor almacenamiento de hardware: Ledger Cuando se trata de la durabilidad y la seguridad, el Ledger es una opción superior para una cartera de hardware de almacenamiento en frío. Viene con el software Ledger Live que permite al usuario comprobar el saldo de su cuenta y enviar o recibir monedas. Soporta más de 1.500 criptomonedas, permitiéndole añadir nuevos monederos para almacenarlas en sus dispositivos, así como gestionar las diferentes carteras. También admite el staking de monedas, con el que se ganan recompensas en función del saldo actual.

Ledger es el favorito de todos los tiempos en la industria de las criptomonedas. Se conecta a tus dispositivos a través de Bluetooth o del cable USB Type-C. Tienes la opción de elegir entre el Ledger Nano S básico y el Ledger Nano X de segunda generación. Ambas utilizan un chip seguro que es similar a los chips utilizados para el pasaporte o la tarjeta de crédito. Nano S cuesta 59 dólares y tiene capacidad para 6 aplicaciones a la vez. Nano X se vende a 119 dólares y tiene capacidad para hasta 100 aplicaciones a la vez.

Pros - Interfaz de usuario intuitiva y fácil de navegar - Software de código abierto con un apoyo añadido de los clientes y la comunidad - Conectividad Bluetooth - Ideal para dispositivos móviles y de sobremesa - Almacenamiento de criptomonedas fuera de línea extremadamente seguro - Soporta múltiples monedas Contras - No tiene una función de intercambio incorporada - La integración de Bluetooth lo convierte en un vector potencial de ataque en línea - Configuración compleja para los usuarios de criptomonedas menos conocedores de la tecnología Transacciones de Bitcoin Una transacción de bitcoin es la transferencia de valor de bitcoin, que se firma digitalmente y se recoge en bloques. No están encriptados, por lo que se puede navegar y ver el historial de transacciones en los bloques. Cada transacción es básicamente una referencia de la salida de una transacción anterior como entrada de una nueva transacción, todo ello conduciendo al punto en el que se crearon los bitcoins por primera vez.

El sistema de Bitcoin está estructurado para garantizar que todas las transacciones sean creadas, propagadas, validadas y añadidas a los bloques existentes en el libro mayor público. Estas transacciones están orientadas a los datos que permiten y codifican el valor transferido entre los usuarios.

El ciclo de vida de cada transacción comienza con la creación del origen. Requiere una firma/firma para autorizar el gasto de los fondos. Después, la transacción se difundirá, permitiendo a cada participante o nodo de la red confirmarla y compartirla con otros nodos para su validación hasta que llegue al nodo minero. Una vez validada por completo, la transacción se añadirá a los bloques del sistema y será irreversible.

Cada transacción de Bitcoin tiene tres partes:

- Entrada Es el registro de la dirección donde se recibieron inicialmente los bitcoins. Se refiere a la salida de una transacción pasada. Puede haber múltiples entradas en una transacción. Todos los valores de entrada (valor total de las monedas) de la nueva transacción se suman y el total es utilizado por la salida de la nueva transacción, menos las tasas de transacción.

La salida de la transacción no gastada o UTXO se considera el bloque de construcción de todas las transacciones. Se trata de los trozos indivisibles de moneda bitcoin que son propiedad del usuario, registrados en la cadena de bloques y reconocidos por la red como unidades monetarias. El UTXO utilizado durante una transacción se denomina entrada de la transacción. El UTXO creado durante la transacción se llama salida de la transacción.

- Cantidad Se refiere a la cantidad o valor específico de bitcoin que se quiere transferir a otro usuario. Valor Es el número de Satoshi que valdrá la salida cuando sea reclamada.

- Salida Es la clave pública o dirección de BTC del usuario al que se le enviarán los fondos. La salida contiene las instrucciones para el envío de bitcoins. Al igual que las entradas, puede haber múltiples salidas que comparten el valor combinado de las entradas de BTC. Cada salida de una transacción es referenciada una vez por una entrada de la siguiente transacción.

Por ejemplo, la entrada es de 50 BTC y usted quiere enviar 30 BTC, Bitcoin hará dos salidas por valor de 30 BTC y 20 BTC. La primera se enviará al destino y la restante se le devolverá a usted. Además, cualquier BTC de entrada que no se canjee en una salida se considera una tasa de transacción.

El proceso de la transacción:

1. Una nueva transacción ha entrado en la red del sistema.
2. La transacción se transmite a una red informática peer-to-peer.
3. La red de ordenadores resuelve las ecuaciones para validar la transacción.
4. La transacción se completa.
5. Los bloques se encadenan para crear un historial de todas las transacciones de forma permanente.
6. Una vez completada la legitimidad de las transacciones, éstas se agrupan como bloques.

¿Cómo se crean las transacciones?

Al igual que el cheque de papel tradicional, una transacción de bitcoin es un instrumento que indica su intención de transferir fondos. No será visible para el sistema hasta que se entregue para su ejecución. Puede crearse en línea o fuera de línea. El creador puede ser el propietario o un tercero que realiza la transacción en su nombre. Una transacción firmada con la información necesaria para ejecutar la transferencia de fondos es válida. Tiene que llegar a la red BTC y propagarse hasta que llegue al minero para su registro.

¿Cómo se propagan las transacciones a la red Bitcoin?

Se necesitan entre 300 y 400 bytes de datos para crear una transacción y un viaje por los distintos nodos de la red bitcoin hasta que llega al minero. No importa de dónde provenga la transacción, los nodos la validarán igualmente. Lo esencial es que la transacción sea transportada al primer nodo y se propague en la red.

Puede transmitirse mediante WiFi, Bluetooth, códigos de barras, NFC o Chirp. Otra forma es copiar y pegar la transacción en un formulario web o transmitirla por retransmisión vía satélite, radio por paquetes, salto de frecuencia, espectro ensanchado u onda corta. Si no hay forma de acceder a las vías de transmisión mencionadas, puedes codificar la transacción como un emoticono y publicarla en un foro público o enviarla como un mensaje de texto o de chat en Skype.

¿Cómo se propagan las transacciones?

El primer nodo que reciba la transacción trabajará para validarla. Una vez que la encuentre válida, el nodo la compartirá con los nodos que se conecten y enviará un mensaje al iniciador de que la transacción es un éxito. Cuando un nodo encuentre que la transacción no es válida, detendrá automáticamente el proceso y enviará un mensaje indicando que es rechazada.

La red Bitcoin es como una malla poco conectada con nodos conectados, que funciona como una estructura compleja. Todos los nodos son iguales entre sí. Cada transacción, bloque o mensaje es compartido por un nodo a los nodos vecinos hasta el siguiente grupo hasta que localiza al minero. En pocos segundos, una sola transacción de Bitcoin se propaga exponencialmente hasta que todos los nodos conectados la han recibido.

Para eliminar el spam, las molestias o los problemas de denegación de servicio, cada uno de estos nodos trabaja para validar la transacción de forma independiente. Cualquier transacción dudosa será rechazada instantáneamente y no podrá llevarse a cabo.

Tipos de transacciones de Bitcoin Hay 5 transacciones estándar de bitcoin que son aceptadas por los clientes de referencia y los mineros que ejecutan los clientes de referencia.

1. 1. Pay-to-public-key-hash (P2PKH) La mayoría de las transacciones en la red bitcoin son Pay-to-public-key hash. Contiene un script de bloqueo que utiliza un hash de clave pública o una dirección de bitcoin. La dirección del bitcoin es sólo un hash, lo que permite al remitente financiar la transacción utilizando un hash de 20 bytes. La salida bloqueada por el

script P2PKH es desbloqueada por el receptor presentando una firma digital y una clave pública. El script verificará entonces que la clave pública hace hash con el hash del scriptPubKey y comprueba la firma con la clave pública.

1. Pay-to-public-key Pay-to-public-key es la versión más simple del pago con Bitcoin. Almacena la clave pública en el script de bloqueo. Esta forma de pago se utiliza a menudo en las transacciones de Coinbase, donde el software de minería aún no está actualizado para hacer negocios usando P2PKH.

1. Pay-to-script-hash (P2SH) P2SH o pay-to-script-hash fue primero en 2012 para simplificar los complejos scripts de transacción. Con P2SH, una huella digital (hash criptográfico) sustituye al complejo script de bloqueo. Cualquier transacción que intente gastar el UTXO (salida de transacción no gastada) se presentaría después y debe tener el script que coincida con el hash. Cuando el hash sustituye al script de bloqueo, se denomina script de redención. Todos los scripts estándar de firmas múltiples pueden utilizar hasta 15 firmas públicas listadas o cualquier combinación de claves dentro de ese rango.

1. Multifirma (hasta 15 claves) Los scripts multifirma se consideran muy potentes ya que utilizan las capacidades avanzadas de scripting de bitcoin. Esta opción utiliza el esquema M-de-N, donde M es el umbral de firmas que se necesitan para la validación y N es el número total de claves. Las N claves públicas se registran en el script, mientras que al menos dos M proporcionan sus firmas para validar la transacción y liberar los fondos.

1. Salida de datos (OP_RETURN) Los intentos de utilizar el blockchain para almacenar datos que no están relacionados con los pagos de Bitcoin han sido un tema controvertido durante muchos años. Muchos desarrolladores califican este uso de abusivo y argumentan que esta práctica causa "blockchain bloat". Significa que los datos no relacionados con los pagos sobrecargan el nodo completo de Bitcoin y producen UTXO que nunca pueden ser gastados. Sucede porque la dirección de los datos no se corresponde con ninguna clave privada, creando un pago falso. Otros desarrolladores lo ven como una muestra de las poderosas capacidades de la tecnología blockchain de Bitcoin.

Para solucionar este problema, se introdujo el operador OP_RETURN, que permite a los desarrolladores añadir otros 40 bytes de datos sin pago a la salida de la transacción. Todas las salidas de OP_RE-

TURN se registran públicamente en la blockchain, pero no se almacenan en el conjunto UTXO para que no comprometan los nodos completos y la reserva de memoria de las salidas de transacciones no pagadas.

Tasas de transacción La mayoría de las transacciones de bitcoin tienen tasas de transacción para compensar a los mineros que aseguran toda la red. Sirven como incentivos para minar la transacción hasta el siguiente bloque, a la vez que actúan como desincentivo contra cualquier transacción abusiva o spam. La estructura de datos de bitcoin no tiene un campo específico para las tasas de transacción, por lo que se consideran una cantidad en exceso o las diferencias de la suma de entradas y la suma de salidas. Muchos monederos de criptomonedas incluyen tasas de transacción automáticas, con una opción para calcularlas manualmente. Generalmente, la tasa de transacción se calcula en función del tamaño de la transacción en términos de kilobytes y no del valor de la transacción de bitcoin.

La cadena de bloques Como se mencionó en el primer capítulo de este libro, la tecnología de la cadena de bloques es el libro de contabilidad global distribuido en la red bitcoin. Consiste en bloques de datos que están conectados secuencialmente en una cadena. Cada bloque almacena información sobre el bloque anterior. Los datos se copian y almacenan en varios nodos, sin estar vinculados a un servidor específico. Esto hace imposible la sustitución de registros. También existen "protocolos" o un conjunto de reglas bloqueadas permanentemente que rigen el flujo de datos en toda la red de nodos.

Un blockchain es un tipo específico de base de datos que recoge y almacena información electrónicamente en el sistema informático. En bitcoin, se utiliza como almacenamiento descentralizado de datos para evitar dar el control a un solo grupo o persona. Mantiene los datos en los bloques, encadenando el nuevo bloque en el anterior y haciendo que los datos estén en orden cronológico. La naturaleza descentralizada de blockchain hace que los datos sean irreversibles, visibles y queden registrados permanentemente.

¿Cómo se utiliza?

Aunque las cadenas de bloques pueden almacenar otros datos, se utilizan principalmente para las transacciones monetarias. Algunas grandes empresas como Pfizer, Unilever, Siemens, Walmart y AIG ya han incorporado blockchain a sus sistemas. IBM creó su propia cadena de bloques Food Trust1 para el seguimiento de la ruta de sus productos alimenticios. Esto es para rastrear fácilmente el origen de los brotes o materiales peligrosos que accidentalmente dañaron los productos.

Pros y contras de Blockchain Pros - Mayor precisión debido a la eliminación de la participación humana en el proceso de validación. Esto elimina el error humano durante la verificación de las transacciones. Incluso si el ordenador del sistema de red comete un error de cálculo, sólo estaría presente en un nodo de la blockchain y se resolvería fácilmente. Para que el error se extienda por todo el sistema, debería necesitar al menos el 51% de los ordenadores.

- La descentralización significa que los datos no se almacenan en una ubicación central. Se copian y se propagan por toda la red de ordenadores, lo que dificulta que los hackers puedan manipular los datos.

- Reducción del coste de las operaciones, ya que no requiere la verificación de un tercero.
- Tecnología transparente que permite a cualquiera ver las transacciones. El blockchain de bitcoin es un software de código abierto, lo que facilita a los auditores la revisión de su proceso operativo y sus protocolos de seguridad.

- Todas las transacciones son privadas, eficientes y seguras. La blockchain funciona las 24 horas del día, por lo que todas las transacciones se realizan en 10 minutos y se consideran seguras al cabo de unas horas. Aunque la blockchain de bitcoin es una base de datos pública, el acceso a los detalles de las transacciones es sólo para los usuarios. Otras personas no pueden acceder a los detalles de identificación de las personas que realizan las transacciones. En lugar de utilizar información personal, los usuarios realizan las transacciones utilizando un código único o una clave pública.
- Proporcionando una alternativa bancaria para cualquiera que no tenga cuentas bancarias o quiera un lugar confidencial y seguro. El futuro de las cadenas de bloques también se ve como un proveedor de almacenamiento de derechos de propiedad, registros médicos y contratos legales.

Contras - Coste tecnológico que se asocia a la minería de Bitcoin como el consumo de electricidad y la validación de las transacciones.
- Ineficacia de la velocidad que da lugar a pocas transacciones. El sistema de "prueba de trabajo" de bitcoin suele tardar unos 10 minutos en añadir un nuevo bloque a la red. A este ritmo, la cadena de bloques sólo realiza unas 7 transacciones por segundo (TPS).
- La preocupación por la regulación de varios gobiernos sobre las criptodivisas dificulta que el bitcoin demuestre su valía en la industria finan-

ciera. La confianza de las grandes empresas para utilizar criptomonedas en sus plataformas ayuda a Bitcoin a avanzar.

- El historial de uso de bitcoin para el comercio ilegal y las actividades ilícitas hacen que los usuarios potenciales desconfíen de invertir su dinero en criptomonedas.

Lo más importante El objetivo fundamental de una cadena de bloques es permitir el registro y la distribución de datos digitales. El creador de Bitcoin, Satoshi Nakamoto, construyó el protocolo de la red sobre una cadena de bloques. Lo denominó "un nuevo sistema de dinero electrónico que es totalmente peer-to-peer y no tiene un tercero de confianza".

Los datos no pueden editarse una vez que entran en la red del sistema. Fue presentado por primera vez en 1991 por dos investigadores, W. Scott Stonernetta y Stuart Haber, que querían un sistema que asegurara las marcas de tiempo de los documentos contra la manipulación. Pero no fue hasta el lanzamiento de Bitcoin en enero de 2009 cuando la tecnología blockchain obtuvo su primera aplicación en el mundo real.

Blockchain tiene características que dan esencia a este propósito. Es un libro de pagos que registra de forma transparente las transacciones en efectivo, así como los puntos de datos. Es útil para registrar y almacenar de forma inmutable otras formas de transacciones, como inventarios de productos, votos electorales, escrituras de viviendas, identificaciones estatales y mucho más.

13

Minería de criptomonedas

En los capítulos anteriores, hemos hablado de cómo se puede comprar y vender criptodivisas. Ahora, vamos a ver el proceso de minería de criptodivisas.

La minería es el proceso de añadir registros de transacciones a la cadena de bloques, y se recompensa con tarifas de transacción y nuevas monedas. El proceso de minería también se conoce como "prueba de trabajo", e implica el uso de un ordenador para resolver complicados problemas matemáticos que verifican las transacciones en el blockchain. Se trata de un proceso complejo que se recomienda a los usuarios avanzados, y las personas que deciden tomar este camino deben asegurarse de que su hardware utiliza siempre el software más actualizado.

Sin embargo, la minería es un proceso muy importante que se requiere para que las criptomonedas funcionen. Este capítulo proporcionará una visión general de la minería de criptodivisas y explicará cómo puedes empezar a minar monedas por tu cuenta o unirte a un grupo de mineros. También discutiremos los diferentes costes asociados a la minería de criptodivisas y explicaremos cómo puede evitarlos.

La definición de minería La minería es el proceso de añadir registros de transacciones a la cadena de bloques. Esto se hace verificando las transacciones en la red y añadiéndolas al libro mayor, donde se almacenan para que todo el mundo pueda verlas. Cuando un minero verifica con éxito un bloque de transacciones, será recompensado con una cierta cantidad de criptodivisas como recompensa.

Antes de empezar a minar criptodivisas, hay que invertir en hardware de minería. Este hardware es típicamente referido como ASICs, o Circuitos Integrados de Aplicación Específica. Estos chips son ordenadores muy potentes que están diseñados específicamente para la minería de criptomoneda.

Una vez que tengas el hardware de minería adecuado, puedes empezar a minar criptodivisas. Esto se hace mediante la resolución de problemas matemáticos complejos utilizando la CPU o GPU de su ordenador. Si tienes éxito en la resolución de estos problemas, entonces serás recompensado con una cierta cantidad de monedas.

El proceso de minería de criptomonedas es muy complejo, y a menudo se denomina "prueba de trabajo". Cuando un usuario verifica con éxito una transacción, es recompensado con nuevas monedas, así como con las tasas de transacción.

Además, la prueba de trabajo es el proceso por el cual las transacciones en una red de cadena de bloques se verifican y se añaden al libro de contabilidad público para formar nuevos bloques en la cadena. Aunque este proceso puede ser realizado por ordenadores, los ordenadores que realizan este trabajo suelen denominarse mineros.

Los mineros verifican las transacciones resolviendo complejos problemas matemáticos para añadir bloques a la cadena de bloques. Para verificar con éxito una transacción, los mineros deben encontrar un hash que esté por debajo de un determinado valor. Este número está determinado por la red y se conoce como umbral objetivo.

Las ventajas de minar criptodivisas Aunque la compra de criptodivisas en una bolsa es un proceso relativamente sencillo, también es costoso. En este caso, la minería es un proceso que permite a los individuos minar criptodivisas a un coste menor. Este proceso permite generar nuevas monedas sin tener que pagar por ellas. Además de esto, la minería es una gran manera de aprender cómo funciona la tecnología blockchain y puede ser una forma divertida y gratificante de apoyar a la comunidad de criptodivisas.

Hay muchas otras ventajas de la minería de criptodivisas. Estas incluyen:

1. Una de las principales ventajas de minar criptodivisas es que te permite recibir pagos automáticos por tu trabajo. Cuando mines criptodivisas, recibirás un número determinado de monedas como recompensa. Esta recompensa tiene lugar en un horario fijo, y suele estar determinada por el nivel de dificultad de la minería. Por ejemplo, si estás minando una criptodivisa con un tiempo de bloque de 10 minutos y un nivel de dificultad de 20.000.000, entonces recibirás una recompensa de bloque de 2 monedas cada 10 minutos o 20 monedas por hora. Esto significa que usted ganará aproximadamente 40 dólares por hora por no

hacer nada más que dejar su computadora funcionando 2. Una de las ventajas más importantes de la minería de criptomoneda es que puede ayudar a reducir los costes de transacción. Al comprar criptodivisas de un intercambio, por lo general se le cobrará con las tasas de cada transacción. Estas tarifas se utilizan para cubrir los costes asociados con el funcionamiento y la gestión de la plataforma de intercambio en lugar de ir a la financiación de la producción o el desarrollo de nuevas monedas.

Aunque es imposible saber con exactitud cuánto gana un exchange con las comisiones por transacción, es probable que no obtenga más del 10% de sus ingresos totales de esta fuente. Esto significa que le cobrarán entre 4 y 40 dólares por cada transacción que realice. Además de esto, los intercambios también pueden cobrar tasas adicionales por la conversión de divisas cuando se quiere intercambiar una criptodivisa por otra. Esto puede significar que el coste total de la compra de una moneda puede llegar a ser de 100 USD por moneda.

3. Otro gran beneficio de minar criptodivisas es que reducirá sus gastos operativos. Cuando usted mina criptodivisas, entonces todos sus costos de hardware y electricidad son cubiertos por las monedas que usted recibe como recompensa por su trabajo. Esto significa que no necesita gastar ningún dinero adicional para establecer una operación de minería.

Aunque es posible minar criptodivisas sin gastar dinero, tendrá que gastar algo de dinero en hardware, software y costes de electricidad. Sin embargo, esto puede ser una inversión que vale la pena si usted es capaz de generar ganancias con su operación de minería.

4. Reducción del riesgo de fraude o manipulación El proceso de compra de criptodivisas de un intercambio viene con una serie de riesgos que no están asociados con la minería de criptodivisas. Esto se debe a que usted no tiene el control total sobre el proceso de transacción cuando usted está comprando de un intercambio, lo que significa que existe la posibilidad de que el intercambio puede defraudar de alguna manera o manipular el precio de la moneda con el fin de obtener un beneficio. Esto no es algo de lo que tengas que preocuparte cuando compras directamente a otra persona usando un mercado de intercambio como LocalBitcoins.

5. Otra gran ventaja de la minería de criptomonedas es que es fácil de configurar. Sólo necesitarás dos cosas para minar criptodivisas, incluyendo un ordenador y un programa llamado "software de minería". Muchos de estos programas están disponibles de forma gratuita en línea, pero también se puede comprar el software de un intercambio si lo prefiere.

6. La ventaja más significativa de la minería de criptomoneda es que proporciona una oportunidad para que las personas ganen un ingreso pasivo. Esto significa que usted no necesita trabajar para ganar dinero a

través de la minería; su hardware de minería generará ingresos para usted mientras usted está en el trabajo o de vacaciones.

Las Desventajas de la Minería de Criptodivisas Mientras que la minería de criptodivisas es una gran manera de apoyar a la comunidad de criptodivisas y reducir sus costos de transacción, no es sin sus desventajas. Algunas de las mayores desventajas de la minería de criptomoneda incluyen:

1. La mayor desventaja de la minería de criptodivisas es que puede ser muy cara. Para empezar a minar, tendrá que invertir en hardware y software de alta calidad, y también tendrá que asegurarse de que este equipo está funcionando en todo momento para evitar perder dinero.

2. El proceso de minería de criptomonedas requiere el uso de un ordenador para resolver complejos problemas matemáticos. Aunque este proceso es muy complejo, puede ser fácilmente interrumpido por un "ataque de hash". Esto se refiere a un intento por parte de uno o más individuos de minar criptodivisas sin validar realmente las transacciones en la cadena de bloques. Al intentar añadir nuevos bloques fuera de la red, pueden ser capaces de tomar el control de una gran cantidad de la potencia de hash de la blockchain, que podría ser utilizada para fines tales como el doble gasto o el cambio de los registros de transacciones con el fin de robar fondos de otros usuarios.

Por ello, es importante que los mineros permanezcan atentos y conectados con el resto de su red siempre que estén minando criptodivisas. Además de esto, los pools de minería también pueden ser atacados por un individuo con una gran cantidad de poder de minería. Esto se suele denominar "ataque de minería de pool", y se refiere a un intento de tomar el control de la mayoría de la potencia minera de un determinado pool. Una vez que un atacante es capaz de obtener el control de una gran cantidad de hashpower de la red, puede ser capaz de llevar a cabo un doble gasto u otras actividades maliciosas en la red.

3. El proceso de minería de criptomonedas requiere que los mineros utilicen hardware especializado que puede generar mucho calor mientras realiza complejos cálculos matemáticos. Aunque esto puede ser muy efectivo para mantener el hardware funcionando durante largos periodos de tiempo, también puede conducir a otros problemas como el aumento de los costes de energía y los daños en el hardware. Además de esto, los mineros tendrán que mantener su hardware fresco mientras están minando criptomonedas, lo que también puede aumentar significativamente sus costos.

4. El proceso de minería de criptomoneda requiere muchos conocimientos técnicos, y puede ser muy difícil para los nuevos usuarios empezar. Además de esto, los mineros exitosos necesitarán mantenerse al tanto de

los últimos desarrollos en la comunidad de criptodivisas y asegurarse de que siempre están usando el software más actualizado. Por eso es importante que los nuevos usuarios se unan a un pool de minería o compren su propio hardware. Incluso con estas medidas en su lugar, todavía hay muchos riesgos asociados con la minería de cryptocurrency, por lo que a menudo es mejor centrarse en otras formas de hacer dinero con cryptocurrencies.

5. La minería de criptodivisas puede ser difícil para los nuevos usuarios La minería de criptodivisas puede ser difícil para los nuevos usuarios porque tendrán que asegurarse de que su equipo está funcionando en todo momento y conectado con otros mineros en su red. Además de esto, los mineros también tendrán que utilizar hardware especializado que cuesta una cantidad considerable de dinero con el fin de ganar suficiente dinero de la minería de criptomoneda para cubrir sus costos. Estos factores hacen que la minería de criptodivisas sea un reto para los nuevos usuarios, aunque es una gran forma de ganar dinero si se tienen las habilidades y los recursos necesarios.

Los diferentes tipos de mineros y su propósito La minería de criptomoneda es un proceso que requiere una inversión en hardware y software de minería especializado. El propósito de estos equipos de minería es resolver los complejos problemas matemáticos que se requieren para verificar las transacciones en la cadena de bloques.

Hay tres tipos principales de mineros basados en sus propósitos. Estos son:

Mineros CPU/GPU Estos mineros han existido desde el comienzo de las criptodivisas, y siguen siendo la forma más popular y rentable de minar monedas. Son fáciles de configurar y utilizar, especialmente para los principiantes, pero no son tan rápidos como los equipos de minería especializados. Las características de su diseño los hacen más eficaces para resolver problemas matemáticos y hacer un trabajo útil, pero no pueden competir con la velocidad de los equipos de minería especializados.

Mineros FPGA Este tipo de minero es una placa de ordenador personalizada que está diseñada para resolver problemas matemáticos utilizando menos energía que su contraparte CPU/GPU. Los mineros FPGA pueden ser utilizados junto a los mineros CPU/GPU para aumentar la velocidad, pero pueden no ser tan eficientes como otros equipos de minería especializados.

Mineros ASIC Este es el tipo más potente de equipo de minería que está disponible hoy en día, y está diseñado para resolver problemas matemáticos a un ritmo más rápido que los mineros CPU/GPU y FPGA. Los mineros ASIC son placas de ordenador personalizadas que cuentan con una serie de chips diseñados para resolver problemas matemáticos complejos. Este tipo de minero es muy caro y no es fácil de configurar, y no se puede utilizar para otra cosa que no sea la minería de criptomonedas. Como resultado, los mineros ASIC no se recomiendan para los principiantes.

Pools de Minería y Minería en la Nube Aparte de los tres tipos diferentes de mineros, hay otros tipos diferentes de minería que usted necesita saber para diferentes cryptocurrencies. Con el fin de evitar que los individuos monopolicen el proceso de minería, las transacciones de criptodivisas están diseñadas para requerir una cantidad masiva de potencia de procesamiento. Como tal, se ha vuelto cada vez más difícil para la mayoría de la gente minar criptodivisas por su cuenta, ya que simplemente no tienen acceso al hardware necesario.

En su lugar, muchas personas optan por "agrupar" sus recursos con otros mineros, y todos los mineros individuales combinan su potencia de cálculo para minar un solo bloque. Cuando esto ocurre, los mineros individuales serán recompensados con una parte de las monedas recién minadas que es proporcional a la cantidad de potencia de procesamiento que han aportado al pool.

Grupos de minería Cuando se minan criptomonedas, es esencial unirse a un grupo. Con esta opción, varios mineros se unen para resolver problemas con el fin de ganar recompensas de criptodivisas. Esta es una opción más fácil que ir en solitario, ya que los mineros que trabajan solos sólo pueden minar utilizando su propio hardware, y pueden experimentar problemas a la hora de ganar las recompensas que desean.

Los pools son beneficiosos, ya que permiten a los mineros combinar sus recursos con otros miembros que trabajan con el mismo objetivo. Cuantas más personas participen en un pool, mejores serán los resultados para todos los miembros implicados. Sin embargo, esto significa que los miembros deben compartir sus recompensas de forma equitativa entre todos los participantes en función de la cantidad de "trabajo" que haya aportado cada miembro, lo que a veces puede ser problemático tanto para los miembros como para el operador del pool.

Minería en la nube La minería en la nube es una gran opción para las personas que son nuevas en el mundo de las criptomonedas, ya que permite a los usuarios comprar potencia minera a una empresa que minará por ellos. Esto significa que todo lo que necesitas hacer es comprar el paquete de minería en la nube que deseas y luego dejar que los profesionales se encarguen del resto. Sin embargo, esto sólo se recomienda para las personas que tienen experiencia con cryptocurrency, ya que puede ser costoso y arriesgado si usted no sabe lo que está haciendo.

La minería en la nube es una de las formas más fáciles de empezar a minar criptodivisas sin tener que comprar hardware. Esto le permitirá ganar dinero sin tener acceso a hardware costoso, y sin estar atado por las altas facturas de electricidad. Cuando usted invierte en criptomoneda, siempre debe asegurarse de que sus fondos se almacenan en un lugar seguro, así como asegurarse de que está haciendo una copia de seguridad de su cartera sobre una base regular. Cuando se trata de la minería en la nube, no hay necesidad de que usted almacene sus fondos o los mantenga seguros por su cuenta - la empresa lo hará por usted. Sin embargo, invertir en criptodivisas le permite ganar dinero ahora mismo - en lugar de esperar a que se genere dinero de la minería en la nube.

Los riesgos de la minería de criptodivisas El proceso de minería de criptodivisas es muy arriesgado, ya que tiene el potencial de consumir una gran cantidad de electricidad. Esto se debe al hecho de que la minería implica el uso de un ordenador durante largos períodos, que tienen el potencial de consumir una gran cantidad de energía. Además, la dificultad que conlleva la minería de criptomonedas está aumentando todo el tiempo (a medida que nuevos mineros entran en el mercado), lo que significa que necesitarás más y más potencia de cálculo para ser competitivo.

Además de esto, muchos mineros se están uniendo a los pools con el fin de recoger las recompensas en masa y hacer que sea más fácil recibir un ingreso por sus esfuerzos de minería. Esto puede ser muy beneficioso, pero también significa que los mineros individuales tienen menos posibilidades de recibir recompensas por sus esfuerzos.

Por último, también hay delincuentes que se han aprovechado del interés de la gente por la criptomoneda creando programas maliciosos que informan a los usuarios de que han sido infectados por un virus y que necesitan comprar un software para eliminarlo. Estos programas son falsos y han sido diseñados con una sola cosa en mente: robar su dinero.

Para evitar que el malware infecte sus sistemas y le robe su dinero, debe utilizar siempre un programa antivirus de confianza y trabajar con una empresa de renombre.

Las razones por las que deberías minar para criptodivisas Hay algunas razones por las que deberías y no deberías minar para criptodivisas. Vamos a echar un vistazo a las razones por las que debe minar para cryptocurrency primero.

1. Para ganar dinero Si quieres ganar dinero, entonces la minería es una de las mejores maneras de hacerlo. Muchas personas han podido dejar sus trabajos minando criptodivisas a tiempo completo, y aquellos que quieren ganar dinero con sus inversiones deberían considerar esta opción. Sin embargo, para tener éxito en ello, necesitarás mucha potencia de cálculo y un software actualizado.

2. Para ayudar a financiar el desarrollo de la cadena de bloques Si estás interesado en la tecnología de la cadena de bloques pero prefieres no

invertir en moneda digital, entonces puedes optar por minar monedas en su lugar. El proceso de minería también es crucial para el desarrollo de la criptodivisa, ya que aporta una importante potencia de hashing que se utiliza para verificar las transacciones en la cadena de bloques. Dado que este proceso es muy complejo y requiere mucho poder de procesamiento, asegura que nadie pueda hackear fácilmente la red y hacer transacciones fraudulentas.

3. Ayudar a mantener la descentralización Una de las mayores ventajas de la criptomoneda es que está descentralizada, y esto significa que nadie puede tomar el control sobre ella o manipular su valor. Si hay demasiados grupos de minería o si la gente pierde interés en la minería, entonces la red se vuelve demasiado centralizada, y esto reduce su seguridad general. Aunque no es necesario minar para apoyar la red, es importante apoyar este proceso para asegurar que la criptodivisa siga siendo descentralizada.

4. Experimentar con diferentes criptodivisas Cuando decidas minar para obtener criptodivisas, obtendrás acceso a una "cartera digital" única que te permite almacenar y utilizar diferentes divisas sin tener que comprarlas a través de un intercambio. Esto proporciona una excelente oportunidad para que usted pueda experimentar con diferentes tipos de monedas sin perder dinero, lo que es especialmente útil si están planeando en la compra de moneda digital en un futuro próximo.

5. Para apoyar la red en la que está invertido actualmente Si ha invertido en una red específica, puede optar por minar su moneda para apoyarla. Al mismo tiempo, si el valor de su moneda digital está en su punto más alto y está pensando en venderla, entonces minar para obtener monedas adicionales puede ayudarle a aumentar sus ganancias sin asumir un riesgo adicional.

Con tantas buenas razones para minar criptodivisas, no es de extrañar que esta sea una de las estrategias de inversión más populares en el mundo de hoy. Sin embargo, también hay algunas razones por las que no deberías minar para obtener criptodivisas.

Si usted ha decidido minar para la criptomoneda, entonces usted va a necesitar una gran cantidad de hardware para asegurar que su equipo de minería es lo suficientemente potente como para completar las transacciones en el blockchain. Esto significa que si usted planea en la minería de una moneda específica, entonces usted necesitará un equipo avanzado que es capaz de ejecutar varias tarjetas gráficas y otros procesadores. En muchos casos, esto también significa que necesitarás una sala dedicada o incluso un edificio para almacenar tu hardware. Incluso si usted decide invertir en la minería en la nube en su lugar, todavía va a haber costos significativos asociados con esta estrategia de inversión.

Para la mayoría de la gente, el proceso de minería puede llevar meses e incluso años antes de que usted sea capaz de generar un beneficio. Incluso si usted tiene éxito, el valor de sus monedas podría bajar considerablemente si el mercado de criptomonedas de repente tiene una caída.

El proceso de minería también es extremadamente complejo y requiere una supervisión constante para garantizar que todas las transacciones se verifiquen correctamente. Si se pierde el rastro de una transacción, existe la posibilidad de que sea rechazada por la cadena de bloques o que se gaste dos veces.

Los programas de criptodivisas Hay muchos tipos diferentes de criptodivisas disponibles hoy en día, y cada una de estas monedas opera en su propia y única cadena de bloques. Algunas de las criptodivisas más populares son BitCoin, Ethereum, LiteCoin y Ripple. Cada una de estas monedas tiene un blockchain diferente, que se crea utilizando un programa de software de minería diferente.

Si usted está interesado en la minería de criptomonedas, entonces usted tendrá que asegurarse de que está utilizando el programa correcto para el blockchain que soporta su moneda elegida. Algunos de los programas de software de minería más populares incluyen Minergate, CCMiner, CGMiner y BFGMiner. Por supuesto, cada uno de estos programas opera en su propia plataforma única y tiene su propio conjunto de características únicas.

El factor más importante a considerar cuando usted está buscando en el software de minería es si es compatible con el blockchain específico que apoya su cryptocurrency elegido. Además de esto, también tendrá que mirar el costo de ejecutar el programa de software de minería y cualquier beneficio adicional que pueda ofrecer.

En algunos casos, puede ser posible para usted minar múltiples monedas utilizando un solo programa. Sin embargo, la minería de diferentes monedas utilizando un solo programa puede ser compleja y puede causar problemas si alguno de sus ajustes no están configurados correctamente. Por lo tanto, siempre es aconsejable para los principiantes utilizar una pieza separada de software de minería para cada cryptocurrency.

Minergate Minergate fue creado en 2014 y es uno de los programas de software de minería más populares disponibles en la actualidad. El programa se puede utilizar para minar una variedad de monedas diferentes, incluyendo BitCoin, Ethereum, LiteCoin y Ripple.

Minergate también es compatible con una amplia gama de GPUs y CPUs y está diseñado para proporcionar una minería segura en su plataforma basada en GUI. También ofrecen soporte 24/7 para sus usuarios, lo que asegura que siempre puedan recibir ayuda con cualquier problema que estén experimentando.

Minergate también es fácil de usar, y la compañía ofrece guías detalladas para todos sus usuarios. Además, su plataforma se actualiza regularmente con nuevas características, lo que mejora aún más la funcionalidad del software. Minergate está disponible para los sistemas operativos Windows, Mac OS X y Linux.

CCMiner CCMiner fue creado por Christian Buchner en 2013 y es uno de los programas de software de minería más populares disponibles en la actualidad. El programa es de código abierto y soporta una amplia gama de hardware diferente, incluyendo CPUs y GPUs.

CCMiner también es compatible con las GPU de Nvidia y AMD. El programa de software también se actualiza regularmente con nuevas características, lo que garantiza que siga siendo competitivo en la industria minera. Además de esto, CCMiner utiliza una interfaz de línea de comandos para realizar sus cálculos, lo que puede ser útil para los usuarios avanzados que están familiarizados con el uso de interfaces de línea de comandos.

BFGMiner BFGMiner fue creado por Con Kolivas en 2015, y es otro popular programa de software minero que puedes utilizar hoy en día. El programa es de código abierto y soporta tanto las GPUs de AMD y Nvidia como las CPUs. También ofrece soporte para una amplia gama de diferentes algoritmos que se pueden utilizar para minar diferentes tipos de criptomoneda, incluyendo Scrypt-N, SHA-256d, CryptoNight y Qubit.

También puedes utilizar el programa para minar múltiples monedas al mismo tiempo. El programa también utiliza una interfaz muy simple que es fácil de usar para los principiantes, y está disponible para los sistemas operativos Windows y Mac OS X. Sin embargo, tendrá que descargar el código fuente si desea utilizar el programa en sistemas operativos Linux.

CGMiner Por último, vamos a echar un vistazo a CGMiner, que fue creado por Con Kolivas en 2011. El programa es de código abierto y soporta tanto CPUs como GPUs. Además de esto, también puedes usar el programa para minar tanto monedas basadas en Scrypt como monedas SHA-256d.

Además de esto, también puede utilizar el programa para minar múltiples monedas al mismo tiempo. El programa también utiliza una interfaz muy simple que es fácil de usar para los principiantes, y está disponible para los sistemas operativos Windows, Mac OS X y Linux.

Cómo minar criptodivisas Ahora que hemos cubierto los fundamentos de las criptodivisas, echemos un vistazo a cómo puede empezar a minar nuevas monedas.

Paso 1:

Elija una criptomoneda El primer paso en el proceso es decidir qué criptomoneda quiere minar. A continuación, tendrá que asegurarse de que su hardware es compatible con la red, y debe comprobar algunas de las diferentes opciones disponibles en el mercado hoy en día.

Paso 2: Instalar el software Una vez que hayas decidido qué tipo de criptodivisa quieres minar, tendrás que descargar el software que te permitirá minar la moneda deseada. El software funciona conectando su ordenador a una red de criptodivisas y le permite resolver problemas matemáticos en esa red para ganar nuevas monedas como recompensa. Este tipo de software está diseñado para usuarios avanzados, y las personas que están interesadas en la minería de criptomoneda deben asegurarse de que su ordenador tiene suficiente potencia de procesamiento y memoria. Lo mejor de este software es que es completamente gratuito, y los usuarios también pueden utilizarlo para minar otras criptomonedas con diferentes redes.

Paso 3: Únase a un grupo de minería Una vez que haya descargado el software correspondiente, tendrá que unirse a un grupo de minería. Un pool de minería es un grupo de mineros que trabajan juntos para resolver problemas matemáticos en la red. Una vez resueltos estos problemas, la recompensa se repartirá entre todos los miembros del pool de minería en función del trabajo que hayan realizado. Esta es una excelente manera para que los principiantes se inicien en el minado de criptomonedas, y permite a cualquiera entrar en el proceso independientemente de sus conocimientos informáticos o nivel de experiencia.

Paso 4: Empezar a minar Una vez que hayas completado los pasos anteriores, entonces puedes empezar a minar criptodivisas. Ahora que su ordenador está conectado a un pool de minería, entonces trabajará con otros mineros para completar las transacciones en la red. Este proceso continuará hasta que alcance un umbral en el que su hardware ya no pueda manejar los complejos problemas matemáticos, y en este punto ya no podrá minar más monedas. La buena noticia es que este umbral aumenta con el tiempo debido a las mejoras en la tecnología, así que vale la pena probar este proceso en tu propio dispositivo.

Paso 5: Sigue minando Después de unirte a un pool de minería, tendrás que mantener tu ordenador conectado y funcionando para poder recibir tus recompensas. Es importante recordar que este es un proceso a largo plazo que requiere un esfuerzo constante si quieres ver algún beneficio de él. Recuerde, hay muchas criptomonedas diferentes disponibles hoy en día, así que asegúrese de hacer su investigación, empezar con la minería de uno, y ver su riqueza crecer.

14

Errores de principiante que hay que evitar al operar con Bitcoin

Al igual que otras habilidades, el trading es una destreza que requiere innumerables horas para practicar y dominar las técnicas. Tiene reglas básicas que ayudan a los operadores a evitar graves riesgos financieros y perder dinero real. Si está a punto de embarcarse en su viaje de criptografía, es mejor que vuelva a recordar los errores comunes a los que se enfrentan los principiantes durante el inicio del trading. Para ayudarle a evitar las trampas comunes que hacen que mucha gente tropiece y caiga, aquí hay una lista para su lectura.

Errores comunes en el trading que debes tener en cuenta 1- No tener un plan maestro.

Necesita un plan de trading que le sirva de guía para tener éxito en el trading. Tener un plan listo antes de aventurarse en el comercio de bitcoin puede ayudarle a minimizar las pérdidas y lograr su objetivo financiero. Si bien es cierto que el comercio es un riesgo, saber cuándo entrar en ciertas operaciones y cuándo salir para reducir las pérdidas le hará estar más informado y preparado. Su plan debe incluir la cantidad de capital para operar y la pérdida máxima que puede permitirse. Un principiante sin un plan es como invitar a un montón de errores.

2- Lanzarse al trading sin entender bien cómo funciona.

Aunque el comercio de bitcoins es fascinante, es un negocio arriesgado que puede costar dinero si no se maneja adecuadamente. Es un campo de juego tentador y de aprendizaje para los nuevos jugadores o comerciantes, pero saltar al tablero sin hacer un esfuerzo de cómo el comercio de bitcoin es a menudo conduce a resultados no deseados. Es crucial seguir los pasos necesarios como hacer su propia investigación, aprender cómo funciona para usted, y aprender las lecciones.

Recuerda que estarás comerciando con dinero, tu dinero virtual que corresponde a una parte de tu riqueza. Puede ser una cantidad pequeña, pero perderla puede ser doloroso y decepcionante. Además, lo mejor es que tomes tus propias decisiones y evites confiar en personas que se autodenominan "expertos". Es tu dinero, así que si pretendes involucrarte en el comercio de criptomonedas, aprende a administrarlo adecuadamente.

3- No aprender las lecciones.

Mientras navegas por el mundo del trading, hay muchas lecciones que te harán un mejor trader. Es un hecho que nadie ha logrado evitar las pérdidas y sólo hacer operaciones rentables. Las tendencias alcistas y bajistas se suceden constantemente, dependiendo de las circunstancias y condiciones que rodean al trading. Lo mejor es aprender la lección y operar mejor en la siguiente ronda. Explore el mercado de las criptomonedas y comprenda los productos y sus valores. Deje de escuchar a los "expertos" en línea que afirman su experiencia. Trabaja con asesores y profesionales de trading creíbles cuando necesites consejo, pero confía siempre en ti mismo cuando compres y vendas criptodivisas.

4- Operar más de lo que puede permitirse perder.

Operar con una gran cantidad de activos digitales es el mayor error que cometen los traders. No asegura grandes ganancias en todo momento, más bien pone su dinero en gran riesgo. Los mercados de criptomonedas son impredecibles y usted puede terminar perdiendo su capital y abandonar el campo, incluso antes de disfrutar de su verdadero potencial. El razonamiento lógico aquí es entender que la criptodivisa es extremadamente volátil y los precios pueden cambiar repentinamente.

Como principiante, la clave para operar de forma emocionante y segura es establecer una cantidad específica que pueda permitirse perder o con la que se sienta cómodo. Siempre que te encuentres accediendo a más de tu techo, detente. Aprenda todo lo que pueda y aumente lentamente sus apuestas de trading para evitar pérdidas de magnitud y frustración.

5- Ceder a la codicia o al miedo Como he mencionado antes, estas dos fuertes emociones pueden influir en las acciones y decisiones de los traders. El miedo aparece cuando escuchas un rumor o lees un artículo de noticias preocupante sobre el estado del mercado de trading de bitcoin. También está presente cuando te asustas por el precio repentino del mercado (que puede corregirse). La codicia se basa en el miedo, que es el miedo a perderse (FOMO). Se desencadena cuando escuchas a la gente decir cuál es la próxima gran cosa en bitcoin o cuando los precios suben significativamente y no quieres quedarte fuera de la actividad de la tendencia. Sus manifestaciones incluyen la compra al máximo para no perderse lo importante, el miedo a perder beneficios y el miedo a perderse ICOs prometedoras. Si eres propenso a estas dos emociones, lo mejor es que te ciñas a tu plan de acción y sigas aprendiendo el proceso de trading. Puede combatir o gestionar su FOMO creando su propio conjunto de reglas de trading o estableciendo una pérdida y un beneficio permitidos. Disfrute del viaje aceptando que en el mundo de las criptomonedas se presentan nuevas oportunidades a diario, así que relájese y pase por encima de su miedo y codicia.

6- Tomar decisiones basadas en la excitación emocional y la información no confirmada Todo el rumor positivo sobre el bitcoin y las criptodivisas puede fácilmente poner sus emociones en marcha y atraparlo en la toma de decisiones de comercio que lamentará más tarde. La famosa frase "nunca tomes decisiones cuando estés emocionado" será útil durante este periodo de excitación. Aunque las noticias son maravillosas, pueden ser exageradas y estar aún sin confirmar.

Conozca la verdad de los informes siguiendo fuentes creíbles de noticias e información sobre criptodivisas. Los tweets y feeds de las redes sociales pueden ser engañosos, especialmente cuando provienen de "expertos" con opinión y de canales pagados con publicidad. Vuelva a comprobar siempre los datos y confíe en su plan de trading.

7- Dejar tu dinero en una bolsa La regla básica en el criptocomercio es no dejar nunca tu dinero en una bolsa, tanto si estás operando con ella como si no. Dejar el dinero en la bolsa significa perder el control directo sobre él. ¿Qué pasa si la bolsa quiebra, se desconecta o es pirateada? Las posibilidades de recuperar su dinero son limitadas y acabará perdiéndolo todo. Asegúrese de trasladar su dinero a su monedero Bitcoin y utilizarlo cuando necesite operar.

8- No mantenerse bien informado sobre los mercados de criptomonedas Todo lo relacionado con los precios de las criptomonedas depende de las noticias. Por lo tanto, asegúrese de seguir todas las tendencias, noticias y actualizaciones, especialmente en términos de regulaciones y estafas a gran escala. Pueden afectar significativamente a los precios de las criptomonedas. Sin saber lo que está sucediendo, nunca sabrá por qué su cartera de inversiones está arriba o abajo en ciertos días.

9- Seguir consejos de trading de gente que no conoces Otro error que suelen cometer los principiantes es actuar según lo que dice la gente en las redes sociales o en los foros de trading. Es fácil creer en los consejos y recomendaciones de "expertos" que afirman su éxito en el trading con bitcoins.

Sin que usted lo sepa, estos desconocidos forman parte de los esquemas de pump and dump que hablan de sus Bitcoins.

10- No hacer de la ciberseguridad una prioridad Los mercados de criptomonedas están siempre en el radar de los ciberdelincuentes y los estafadores que quieren hacerse con sus activos. Asegúrate de tener al menos las medidas de seguridad básicas para tu cartera digital y tu cuenta de trading para evitar que se vean comprometidas. Elija bolsas con protocolos de ciberseguridad sólidos y utilice la autenticación de dos factores. Nunca haga clic en el archivo adjunto o el enlace enviado por un remitente de correo electrónico desconocido ni hable de sus posesiones cuando participe en hilos de medios sociales y foros en línea sobre criptodivisas.

11- No elegir un monedero de criptomonedas seguro Este es un requisito básico que debe hacer bien. Nunca almacene sus monedas en un monedero bitcoin poco fiable y no seguro, por muy popular que sea. Te salvará de desafíos y situaciones no deseadas durante las actividades de comercio. Tómese su tiempo para elegir el monedero ideal para usted.

Hay miles de monederos de criptomonedas en línea, así que asegúrese de buscar el que se ajuste a sus necesidades y objetivos. Además, compruebe si funcionan en su ubicación actual. Las mejores son accesibles en cualquier parte del mundo si viajas mucho. No querrá perderse los emocionantes movimientos del mercado mientras está de viaje. Un monedero digital de buena reputación y altamente seguro le evitará molestias y estrés innecesarios.

12- Hacer margen o apalancamiento demasiado pronto El comercio de margen o apalancamiento es un arma de doble filo que puede traerle grandes ganancias y grandes pérdidas. No se recomienda para los principiantes debido a sus riesgos. Muchos corredores ofrecen esta opción a los operadores, pero es un billete seguro para perder su dinero rápidamente. Implica pedir dinero prestado para operar. Sin embargo, si quieres probar y explorar esta opción, empieza despacio utilizando un apalancamiento de bitcoin no superior a 1:5. No te dejes llevar por el emocionante apalancamiento total de 1:1000 que te ofrece el broker para evitar una enorme pérdida si tu expectativa no va a tu favor.

13- Tener un pequeño capital Aunque es un requisito tener enormes activos digitales para empezar a operar, es importante tener suficiente capital. Debe ser una cuenta separada de su fondo de gastos básicos y de subsistencia para evitar problemas y complicaciones. Mientras que usted está esperando para hacer crecer sus activos Bitcoin en el comercio, es necesario recordar que el comercio es un riesgo que puede no cumplir con sus expectativas. Si usted está apuntando seriamente a convertirse en un criptocomerciante profesional, invierta suficiente capital para apoyar su aventura.

14- Actuar en base a indicadores y patrones de trading sin hacer un análisis fundamental Algunos principiantes confían en las llamadas pump/dump de sus grupos de criptomonedas en Discord o Telegram. Operan basándose en las "señales" de los administradores que se autodenominan "gurús" del trading en bitcoin. Puede funcionar con grupos pequeños y profesionales dirigidos por un pro-traficante altamente ético. Este tipo de grupos tienen menos de 20 usuarios y se paga por su membresía, pero nunca en grupos grandes con miles de participantes.

Estas llamadas se basan únicamente en suposiciones y proyecciones. Sin las habilidades básicas de trading adecuadas y el conocimiento para interpretar estos indicadores, usted está destinado a la decepción cuando una situación de comercio cambia. Aprenda a realizar su propio análisis fundamental. Puede resultar confuso para los operadores principiantes, pero es imprescindible. Le ayudará a averiguar el verdadero valor de Bitcoin y a evitar muchos errores de trading. El análisis fundamental implica la evaluación de los aspectos clave de la tecnología subyacente de la criptomoneda, los movimientos del precio, la adopción de los usuarios, la demanda y la oferta, la economía de los tokens, el equipo de gestión y las perspectivas futuras.

15- Hacer un trading de revancha Comprender que las pérdidas son inevitables en el trading de criptomonedas. Muchos principiantes tratan de reducir sus pérdidas haciendo una operación de venganza. Actúan en base a su frustración y miedo a la disminución de los fondos e intentan recuperar lo que han perdido. Este tipo de comportamiento es altamente tóxico y puede hacer que su viaje de comercio sea muy estresante. Recuerde que nadie ha ganado nunca el 100% en ningún tipo de comercio. Absténgase de realizar operaciones más arriesgadas después de perderlas.

Tenga siempre en cuenta la relación riesgo

recompensa para mantener su cartera sana y positiva. Los principiantes deberían empezar con una relación riesgo-recompensa de 1:2. Por ejemplo, por cada 100 dólares que opere (Riesgo), usted pretende obtener un mínimo de 200 dólares de retorno (Recompensa). Los operadores avanzados suelen seguir las relaciones riesgo-recompensa de 1:3 y 1,5. Seguir una relación claramente definida le ayuda a evitar las operaciones emocionales o a realizar operaciones más arriesgadas. Incluso si pierde operaciones sucesivamente, su cartera seguirá siendo positiva a largo plazo.

16- Seguir ciegamente a la multitud Los operadores inexpertos suelen seguir al rebaño porque no tienen la suficiente confianza para seguir sus propios instintos. Esto hace que paguen más del precio habitual de la moneda o que se queden en la operación más tiempo del necesario. A diferencia de los traders experimentados, que optan por salir de una operación cuando ésta está demasiado saturada, los novatos confían en las opiniones de otros traders.

Desarrolle su propio estilo de negociación estudiando los movimientos del mercado y las propiedades únicas de su moneda. Pronto te darás cuenta de que la mayoría de los operadores de éxito tienen su propio estilo distintivo que se basa en la investigación, el análisis, y estar al día sobre las tendencias en la industria de las criptomonedas.

17- No fijar su stop loss El stop-loss es una herramienta vital en la gestión del riesgo. Es el santo grial de los operadores de cripto experimentados y exitosos. Es eficaz para evitar que los novatos se lancen al comercio por la idea de ganar una cantidad de dinero que les cambie la vida. Un stop-loss ayuda a minimizar las pérdidas cuando la operación esperada no se realiza. No utilizar esta herramienta de gestión del riesgo es uno de los mayores errores que se cometen cuando se empieza a operar. Elija una bolsa de criptomonedas que ofrezca una función de stop loss y utilícela para evitar muchas decepciones.

18- Operar debido a muchas ofertas activas Los principiantes suelen caer en la trampa de las ofertas activas que ofrecen beneficios instantáneos y enormes. Por ello, operan con muchos pares para obtener múltiples ingresos. Pero el overtrading no es la clave, sino el timing del mercado. Es decir, cuando los precios de las criptomonedas suben y bajan en espiral, decidir a partir de ahí.

Operar con bitcoin o cualquier otra criptomoneda no es una carrera de velocidad, sino un maratón. Tienes más posibilidades de ganar cuando sigues mejorando tus habilidades en lugar de operar con impaciencia.

19- No mantener el equilibrio de la cartera Si quieres ser un entrenador de bitcoin con éxito, asegúrate de tener una cartera equilibrada. Asigne una cierta porción de su riqueza en cripto como el 10%. Entonces su cartera de criptomonedas debería reflejar porcentajes de inversiones en Bitcoin, Bitcoin Cash y capital de comercio de Bitcoin. Bitcoin Cash es una rama de Bitcoin que es una moneda virtual independiente. Tiene sus propias reglas de funcionamiento y blockchain.

Un 70% de las posesiones de Bitcoin a largo plazo, un 15% para el comercio, y un 15% en efectivo es un movimiento inteligente. Opere con su 15% y no vaya más allá. Reequilibrar su cartera puede ser difícil cuando se pasa de la raya y utiliza más de su presupuesto de trading. Puede que tenga que vender la clase de activos de alto rendimiento y conformarse con la clase de activos de menor o mal rendimiento.

20- No ver la ganancia-pérdida como porcentaje de ganancia-pérdida Los principiantes en el comercio de criptomonedas suelen ver la ganancia y la pérdida como su ganancia absoluta, en lugar de la ganancia o pérdida porcentual. Este clásico error hace que muchos novatos se sientan frustrados y abrumados. Aprenda a ver cada operación como una mejora porcentual y pronto tendrá una visión más clara de sus ganancias y pérdidas.

21- Vender en los precios máximos Los principiantes se verán tentados a vender una vez que el precio del bitcoin haya alcanzado su máximo. Por ejemplo, usted compró una moneda por 200 dólares y el precio saltó a 1.200 dólares. Si la vendes ahora, tienes un beneficio de 1.000 dólares. ¿No es genial?

Pero los comerciantes e inversores experimentados saben que el token crecerá, así que aguantan y se abstienen de vender. Después de varios años, estaría cotizando más de 10.000 dólares. Al vender tus tokens, crea una estrategia y hazlo. No te emociones demasiado y vendas tus participaciones de golpe cuando sientas que el precio está en su nivel máximo. La paciencia es realmente una virtud en el comercio de Bitcoin si quiere obtener múltiples ROI.

22- Pagar altas comisiones de trading Manténgase alejado de los brokers o bolsas con altas comisiones de intermediación. Se comerán una parte considerable de sus ganancias o capital. Encuentra un broker que ofrezca un alto volumen, liquidez y bajas comisiones de trading. Le ayudará a hacer crecer su fondo de inversión de forma exponencial.

23- Olvidar los impuestos Cuando el bitcoin se generalizó en 2017 y se convirtió en una clase de activo, las autoridades fiscales de diferentes regiones y países se aseguran de que las ganancias de inversión de las criptomonedas se graven adecuadamente. Conozca cómo se gravan sus ingresos de comercio de bitcoin en su ubicación y presente sus impuestos sobre la ganancia de capital al final del año natural. Puedes utilizar la aplicación Bitcoin Tax o CoinTracking para determinar el rango de tributación.

24- Ser celoso En general, comerciar emocionalmente es una mala idea. Si haces trading por la envidia del éxito de un colega, estás condenado a muchas frustraciones. Es muy malo operar por celos. Nublará tu juicio y afectará a tu forma de interactuar con otros usuarios. Los celos son una emoción agotadora que te impide ver las increíbles oportunidades que tienes delante. Si sigues teniendo celos, tus ganancias se convierten en las de otros traders.

25- No llevar un diario de operaciones Si tiene un plan, un diario de operaciones es el lugar donde registra todos los aspectos importantes de sus operaciones y decisiones. Te ayuda a responsabilizarte de tus acciones, así como a revisar todos tus errores de trading. Un diario también sirve para tomar nota de su estado emocional, sus pensamientos y los resultados de sus operaciones. No tener un diario es uno de los mayores errores de los operadores principiantes.

Anotar todo, especialmente durante los primeros días de negociación, puede ayudarle en su camino hacia el éxito comercial. Al analizar sus registros en una etapa posterior, verá por qué pierde algunas operaciones y por qué determinadas operaciones ofrecen mejores resultados. Esto le ayudará a ajustar y mejorar sus estrategias con el tiempo. Puede utilizar un diario en papel o una hoja de Excel.

Consejos de trading para principiantes Al comenzar su viaje hacia el trading con bitcoins, prepárese para cometer errores. Con suerte, podrá minimizarlos con los conocimientos que obtenga de este capítulo. Concéntrese en seguir las estrategias probadas por el tiempo y siga su instinto cuando las cosas se pongan más difíciles. Haciendo una operación a la vez, estará perfeccionando sus habilidades en el comercio de Bitcoin.

1- Desarrolle un sistema simple que funcione para usted.

Siendo nuevo en este juego, puede estar tentado a adoptar un sistema que funcione para los comerciantes exitosos. Si bien está bien copiarlos, pueden ser un poco complicados si no entiende completamente el sistema. La mejor opción es utilizar un sistema sencillo que destaque sus objetivos, se centre en ganar, minimice sus pérdidas y construya su estilo de trading único.

A medida que avance como criptocomerciante, aprenderá a improvisar y ajustar su estilo en función de diversas situaciones.

2- Opere con un plan claro.

Recuerda que los mercados de criptomonedas tienen "grandes" operadores que están esperando pacientemente a que los novatos como tú se equivoquen y se queden con su dinero. Recuerda que no planificar es sinónimo de planificar el fracaso. Es crucial tener un plan de trading y un motivo para entrar en cada operación de cripto. Tienes que tener un propósito y utilizarlo como fuerza motriz para operar. Cuando tienes un plan sólido, no te apresurarás a operar todos los días. A veces, es necesario mantenerse alejado de algunas operaciones para proteger sus activos. Establezca sus topes de pérdidas y fije objetivos de beneficios, para saber cuándo es el momento de salir de su posición. Así reducirá sus pérdidas y evitará las reacciones emocionales que pueden llevarle a arriesgar más. No sea codicioso, siempre habrá otra operación que ganar.

3- Aprenda a gestionar los riesgos.

Los operadores inteligentes nunca corren hacia la dirección de las ganancias enormes. Ellos prefieren reunir pequeñas y seguras ganancias haciendo operaciones regulares con Bitcoin. Los principiantes caen en la trampa de seguir al rebaño que corre en la dirección de operar más para ganar más, pero entonces el riesgo de perder es mayor. Establezca sus stop-losses y fije objetivos de beneficios, así sabrá cuándo es el momento de salir de su posición. Utilice las herramientas de mitigación de riesgos de su plataforma de negociación para bloquear sus beneficios y riesgos. Esto le ayudará a reducir las pérdidas, a recuperarse y a permanecer en el negocio del comercio de Bitcoin. No sea codicioso, siempre habrá otra operación para ganar.

4- Entienda el mercado de criptomonedas Edúquese. Aprenda todo lo que pueda para operar de forma rentable. La educación en criptografía es su boleto seguro para operar con éxito. Hay muchos recursos de aprendizaje confiables disponibles para usted. Este libro le proporciona los conocimientos básicos, así que siga aprendiendo. Lea blogs populares y centros de criptografía con opiniones de expertos e información en profundidad sobre las tendencias del mercado de Bitcoin. Evite antropomorfizar el mercado de criptomonedas. Es una entidad o un organismo y no tiene características humanas.

El mercado sólo representa la suma de las transacciones económicas, así que nunca lo consideres como la base de la filosofía del trading. Aprenda a realizar análisis avanzados del mercado aumentando su capacidad de leer tendencias, noticias y actualizaciones del desarrollo de Bitcoin. Ser capaz de leer los gráficos con mayor precisión le ayuda a predecir el movimiento del precio de Bitcoin con exactitud. Domine tanto el análisis técnico como el análisis fundamental para entender los movimientos del mercado y las tendencias comerciales.

5- Utilice una plataforma fiable y de confianza Invierta en una plataforma con excelentes herramientas y que ofrezca bajas comisiones por transacción. No querrás perder una gran parte de tus ganancias ganadas con esfuerzo en los altos costes de transacción. Una gran alternativa es una plataforma de negociación automatizada, impulsada por la IA, que negocia automáticamente y ofrece beneficios. La disponibilidad de las bolsas las 24 horas del día, los 7 días de la semana, ofrece la comodidad de negociar, la liquidez y un acceso más rápido a las ganancias.

6-Dominar la psicología del trading La psicología del trading consiste en reconocer las emociones, especialmente el miedo y la codicia, pero aprender a pensar rápido y ejercer la disciplina para ceñirse a su plan de trading. Mientras aprende los secretos del comercio de criptomonedas, necesita estudiar cómo piensan y ejecutan las operaciones los comerciantes profesionales de Bitcoin. Adopte la mentalidad de los traders experimentados, mientras trabaja en su estilo de trading.

Al dominar la psicología del trading, aprenderá a minimizar las pérdidas, a ser consciente de los riesgos potenciales y de las atracciones que influyen en las emociones, y a maximizar los beneficios. El trading no consiste en arriesgarse, sino en saber cuándo operar. No se trata de tener suerte en el juego de las criptomonedas, sino de tener determinación, resistencia, conocimiento y estar listo para explorar las oportunidades.

7-Cree en ti mismo Cuando vas a las batallas, tus habilidades y conocimientos son tus propias fortalezas y defensas. Si bien es cierto que la gente que te rodea puede ayudarte a entender mejor el trading, sigue siendo tu propio estilo el que te convertirá en un experto en este campo. Por lo tanto, no te dejes presionar por compañeros o por autoproclamados gurús del trading que tratarán de influir en tus decisiones y en tu criterio. Al final de cada día de trading, tus propios objetivos financieros importan, así que sé tu propio oráculo tomando operaciones calculadas y educadas.

8-Sea un operador frío Los operadores más exitosos son aquellos que desarrollan el arte de operar objetivamente. El trading emocional es una trampa que oscurece su clara comprensión del trading. Tómatelo con calma y espera el momento adecuado. Revise siempre su plan y registre su experiencia comercial. Acepte el hecho de que a veces se pierde y a veces se gana. A medida que avance en el trading, se dará cuenta de que los errores y los cálculos erróneos proporcionan una sabiduría intemporal que le convertirá en un mejor trader.

Conclusión clave Dominar el arte y la ciencia del trading no es fácil. Se necesita mucho esfuerzo para aprender, comprender y tener éxito. Deje de presionarse para convertirse en un mago del trading al instante. Manténgase siempre fiel a su plan de trading, aprenda más sobre el mercado y las tendencias, y disfrute del reto. La clave es tener paciencia y precaución, y no permitir nunca que las emociones dominen su juicio.

Postfacio

Finalmente, hemos llegado al final de este libro. Hemos hablado de lo que es la criptomoneda y de cómo funciona. También hemos hablado de la minería y de cómo puede iniciarse en el mundo de la minería. También hemos discutido todas las diferentes criptomonedas y sus características y beneficios.

La criptomoneda es un mercado emergente, pero es un mercado muy prometedor. Invertir en criptodivisas es una aventura muy lucrativa, pero viene con algunos riesgos. Esperemos que haya aprendido de este libro para que pueda hacer el mejor uso de sus inversiones en criptodivisas.

Una cosa que hay que recordar es que en el campo de la criptodivisa hay mucha volatilidad. Los precios de las criptodivisas pueden subir o bajar varios puntos porcentuales en un solo día. Por lo tanto, es aconsejable tener precaución y sólo invertir una cantidad que pueda permitirse perder si las cosas van mal.

Si está interesado en invertir en criptodivisas, esperamos que este libro le haya proporcionado la información que necesita para empezar. Esperamos que haya disfrutado de este libro, y esperamos que haya aprendido mucho de él.

¡Gracias y buena suerte!

www.ingramcontent.com/pod-product-compliance
Lightning Source LLC
LaVergne TN
LVHW040436051026
849517LV00002B/636